Publié en 2024

La culture de l'Égypte ancienne révélée

Moustafa Gadalla

TABLE DES MATIÈRES

1

À PROPOS DE L'AUTEUR

Moustafa Gadalla est un égyptologue indépendant égypto-amé-ricain né au Caire, en Égypte, en 1944. Il est titulaire d'un bacca-lauréat ès sciences en génie civil de l'Université du Caire.

Dès sa petite enfance, Gadalla a poursuivi avec passion ses racines égyptiennes antiques, à travers des études et des recherches continues. Depuis 1990, il consacre et concentre tout son temps à la recherche et à l'écriture.

Gadalla est l'auteur de vingt-deux livres publiés de renommée internationale sur les divers aspects de l'histoire et de la civilisa-tion de l'Égypte ancienne et ses influences dans le monde entier. En outre, il exploite un centre de ressources multimédia pour des études précises et éducatives sur l'Égypte ancienne, présentées d'une manière engageante, pratique et intéressante qui plaît au grand public.

Il a été le fondateur de la Tehuti Research Foundation, qui a ensuite été intégré au Centre multilingue de la sagesse égyptienne multilingue (https://www.egyptianwisdomcenter.org) dans plus de dix langues.
Le site Web comprend également une autre activité en cours ; la création et production de projets d'arts du spectacle tels que Isis Rises Operetta, Horus The Initiate Operetta ; Opérette des déesses égyptiennes ; et quelques autres productions suivront.

2

PRÉFACE

Hérodote [500 avant notre ère] a été un témoin vivant de l'Égypte antique :

> *Je m'étendrai davantage sur ce qui concerne l'Égypte, parce qu'elle renferme plus de merveilles que nul autre pays, et qu'il n'y a point de contrée où l'on voie tant d'ouvrages admirables et au-dessus de toute expression.*

Ce livre révèle plusieurs aspects de la culture de l'Égypte antique. Cette édition augmentée du livre comprend quatre parties et un total de seize chapitres.

Partie I : Les peuples d'Égypte comprend quatre chapitres – de 1 à 4, comme suit :

Chapitre 1 : **Le commencement** correspond à la période antique de l'Égypte qui remonte au moins à 39 000 ans selon les découvertes archéologiques, historiques et matérielles, l'ère du Lion et le sphinx, ainsi que l'ère du calendrier sothiaque égyptien, qui est de loin le calendrier le plus précis de tous.

Chapitre 2 : **Le peuple égyptien** traite de l'origine et des caractéristiques de [l'ancien] peuple d'Égypte, ainsi que de ses implantations à travers le monde.

Chapitre 3 : **Les plus religieux** fournit un bref aperçu de la cosmologie égyptienne, du monothéisme et du polythéisme, du symbolisme animalier, de la création de l'univers, etc.

Chapitre 4 : **L'ordre social et politique** traite du fondement et de l'application des principes matrilinéaires/matriarcaux, des communautés matrilocales, des bases du système républicain égyptien, du système de double gouvernance d'administration et de contrôle, ainsi que de l'organisation documentaire traitant de tous les sujets de la société égyptienne.

Partie II : Les corrélations cosmiques comprend trois chapitres – de 5 à 7, comme suit :

Chapitre 5 : **Là-haut comme ici-bas** expose les principes de la conscience cosmique des Égyptiens et leur application dans leur vie quotidienne, ainsi que les cérémonies de renouveau cyclique comme expression de ces principes.

Chapitre 6 : **Le pharaon, le lien cosmique** traite de la règle fondamentale considérant le pharaon égyptien comme serviteur suprême, comment le peuple le jugeait et beaucoup plus.

Chapitre 7 : **Les temples égyptiens** fournit un aperçu rapide de la véritable fonction/objectif du temple égyptien, des critères de conception harmonieuse et bien plus encore.

Partie III : Les Égyptiens érudit comprend cinq chapitres, de 8 à 12, comme suit :

Chapitre 8 : **Le langage divin** présente un aperçu rapide des modes d'écriture dans l'Égypte antique – la forme alphabétique d'écriture et l'imagerie picturale et métaphysique des symboles/textes, ainsi que les aspects culturels du langage alphabétique égyptien.

Chapitre 9 : **Le patrimoine musical égyptien** fournit un aperçu rapide de son patrimoine musical, des orchestres musicaux, de la grande palette d'instruments de musique, ainsi que des danses et ballets de l'Égypte ancienne.

Chapitre 10 : **Médecine et santé** présente un aperçu rapide des considérations les plus importantes sur la médecine égyptienne, de la profession médicale, du contenu de certains papyrus concernant le diagnostic, les remèdes et les traitements de divers maux, les opérations, ainsi qu'un large éventail de prescriptions.

Chapitre 11 : **Astronomie** décrit les connaissances astronomiques stupéfiantes de précision, les pratiques comme les observations astronomiques et les relevés, le cycle du zodiaque, etc.

Chapitre 12 : **Géométrie et mathématiques** fournit un aperçu rapide de sujets tels que la géométrie sacrée, les sciences naturelles, la géodésie, les mathématiques et la numérologie, ainsi que leur connaissance et les applications des "rapports" sacrés Pi et Phi.

Partie IV : L'économie prospère contient quatre chapitres – de 13 à 16, comme suit :

Chapitre 13 : **Le savoir agricole** traite des pratiques mémorables issues des techniques de culture dans un climat sec, de la répartition du travail dans la société et de la paysannerie.

Chapitre 14 : **Les industries de fabrication** parle des connaissances égyptiennes en matière de métallurgie et de travail du métal, de leurs objets en alliage d'or et d'argent (électrum), de ceux faits de cuivre et de bronze, des objets en verre (production en verre et émaillage), de leurs objets en fer, des activités minières, ainsi que d'applications technologiques variées.

Chapitre 15 : **Les infrastructures de transport** présente un rapide aperçu de la diversité des types d'embarcations égyptiennes de grande qualité, des principaux ports côtiers égyptiens, des transports terrestres, ainsi que des protecteurs et des sanctuaires du voyage.

Chapitre 16 : **L'économie de marché** traite des rouages de l'économie de marché égyptienne, des transactions commerciales, des exportations égyptiennes (biens et services), des importations égyptiennes, ainsi que de la croissance puis de la chute du commerce international qui était lié à l'Égypte antique et considéré comme le moteur économique de l'Ancien Monde.

>>> À noter que la version digitale de ce livre publiée en formats PDF et ebook contient un grand nombre d'images qui viennent compléter le texte tout au long du livre.

Moustafa Gadalla

3

STANDARDS ET TERMINOLOGIE

1. En ancien égyptien, le mot *neter*, et sa forme au féminin *netert*, ont été rendus de manière erronée et peut-être délibérée par *dieu* et *déesse* par presque tous les académiciens. *Neteru* (le pluriel de *neter/netert*) désigne les principes divins et les fonctions de l'Unique et Suprême Dieu.

2. Il se peut que vous rencontriez des variations dans l'écriture des mêmes termes en ancien égyptien, comme *Amen/Amon/ Amoun* ou *Pir/Per*. Ceci parce que les voyelles que vous voyez dans les textes égyptiens traduits ne sont que des approximations phonétiques, utilisées par les égyptologues occidentaux et destinées à leur faciliter la prononciation des termes et mots de l'ancien égyptien.

3. Nous utiliserons les mots les plus communément reconnus par nos lecteurs francophones pour identifier un *neter* et une *netert* [dieu, déesse], un pharaon ou une cité ; ils seront suivis d'autres "variations" du terme/mot en question.

On notera que les vrais noms des divinités (dieux, déesses) étaient tenus secrets dans le but de garder à la divinité son pouvoir cosmique. On se référait aux *neteru* par des épithètes décrivant une qualité particulière, un attribut et/ou des aspects de leurs rôles.

Ceci s'applique à tous les termes courants tels qu'Isis, Osiris, Amoun, Rê, Horus, etc.

4. Lorsque nous utiliserons le calendrier romain, nous utiliserons les termes suivants :

De notre ère. Correspond à : ap. J.-C.
Avant notre ère. Correspond à : av. J.-C.

5. Le terme *baladi* sera utilisé tout au long du livre pour dénoter la présence silencieuse de la majorité des Égyptiens qui adhéraient aux traditions de l'Égypte ancienne, avec une mince couche extérieure d'Islam [Voir plus loin pour des informations plus détaillées].

6. Il n'y a pas et il n'y a jamais eu d'écrits ni de textes en ancien égyptien que les Égyptiens eux-mêmes classifiaient comme "religieux", "funéraire", "sacré", etc. Les académiciens occidentaux ont donné à ces textes en ancien langage égyptien des noms purement arbitraires du genre de "Livre de ceci" ou "Livre de cela", "divisions", "énonciations", "incantations", etc. Le milieu académique occidental est même allé jusqu'à décider que tel "Livre" existait en "version Thébaine" ou en "version de telle ou telle époque". Après avoir ajouté foi à ses propres élucubrations, l'académie accusa les anciens Égyptiens d'avoir commis des erreurs et d'avoir omis des parties de leurs propres écrits ?!!

Afin de faciliter la référence, toutefois, nous utiliserons la classification des anciens textes égyptiens, en usage courant dans le milieu académique occidental bien qu'arbitraire, les anciens Égyptiens eux-mêmes n'ayant jamais eu recours à une telle classification.

4

CARTE DE L'ÉGYPTE

PARTIE I : LES PEUPLES D'ÉGYPTE

Chapitre 1 : Le commencement

1.1 LA VALLÉE MOUVANTE

L'Égypte est (et était) l'une des régions les plus arides du monde. Le désert occupe plus de 90% du territoire. Seulement 5% environ de ce vaste pays sont habités le long des rives du Nil et de ses affluents. Cette vallée fertile du Nil constitue une bande de 11 à 15 km de large.

Le Nil coule à travers l'Égypte du sud vers le nord dû à la topographie en pente du pays qui descend vers la mer Méditerranée. Au nord du Caire, le Nil se divise en plusieurs cours d'eau qui constituent le delta – un large éventail de campagne verdoyante et fertile qui recouvre 15 500 km^2.

Le fleuve le Nil en Égypte recevait (et continue de recevoir) 90% de ses eaux durant une crue de 100 jours chaque année, comme l'a indiqué Hérodote, dans *Histoire* [2, 92], où il déclare :

> *...le Nil commence à grossir au solstice d'été, et continue ainsi durant cent jours ; et par quelle raison, ayant crû ce nombre de jours, il se retire, et baisse au point qu'il demeure petit l'hiver entier, et qu'il reste en cet état jusqu'au retour du solstice d'été.*

La crue du Nil résulte de la saison des pluies en Éthiopie qui érodent le limon des hautes terres de ce pays et l'emportent vers l'Égypte le long du Nil Bleu et d'autres cours d'eau. Une quantité réduite d'eau arrive en Égypte par le Nil Blanc, qui débute en

Afrique centrale. Celui-ci ne charrie aucun limon – d'où le nom "blanc", qui signifie clair.

Les eaux vives et boueuses du Nil Bleu ralentissent à chaque saison quand elles atteignent Assouan. Ce ralentissement provoque l'accumulation du limon sur le fond. Cela entraîne l'élévation progressive du lit du fleuve ; le niveau des terrains qui bordent le fleuve s'élève alors à des degrés divers selon sa distance vers l'aval et la topographie changeante du territoire. Cela a pour conséquence de provoquer la montée de la nappe phréatique car la surface de l'eau s'élève avec le relief de la vallée du Nil et des territoires environnants.

À partir de là, nous pouvons constater que la hauteur de la vallée du Nil s'accroît chaque année à cause des crues annuelles durant l'été. Petit à petit, ces accumulations s'ajoutent au fil des ans.

Quand les eaux du Nil arrivent à Assouan, elles commencent à ralentir, ce qui provoque le dépôt du limon. Afin de contrôler les crues au niveau d'Assouan, la vieille digue de la ville fut construite voici des siècles. Étant donné que la sédimentation est un phénomène continu, il a été nécessaire de surélever la digue à plusieurs reprises.

À Esna (par exemple), les dépôts annuels négligeables de 6 mm environ de limon du Nil ont été capables, au bout de deux millénaires, de pratiquement enterrer le temple de la cité, la ville moderne d'Esna se trouvant maintenant au-dessus du toit du temple.

Ce temple que nous voyons sur la photo fut construit sur des temples antérieurs à cause de l'accumulation des dépôts annuels de limon.

Plusieurs autres emplacements à travers l'Égypte révèlent l'impact du problème de la sédimentation sur différents temples parvenus jusqu'à nous, tels que ceux d'Edfou, Louxor et Abydos.

Même très à l'intérieur des terres et loin du Nil, nous trouvons un autre exemple à Abydos, où la structure imposante et très ancienne – appelée l'Osiréion – est située à côté du temple d'Osiris datant du Nouveau Royaume et qui fut construit par le roi Séthi Ier (1333-1304 avant notre ère) et son successeur Ramsès II. Cette structure, l'Osiréion, est située beaucoup plus bas que le temple d'Osiris du Nouveau Royaume et se trouve en partie submergée par la nappe phréatique. Les fondations de l'Osiréion sont situées plusieurs mètres au-dessous du niveau actuel de la nappe phréatique qui est montée d'environ 7 mètres depuis l'époque du Nouveau Royaume.

Il faut remarquer que beaucoup de pharaons ont inscrit leur nom sur des monuments qu'ils n'ont jamais construits. Aussi, ce n'est pas parce que Séthi Ier a inscrit son nom sur quelques parties de l'Osiréion qu'il en est le constructeur.

L'énorme différence de hauteur entre le temple d'Osiris et celui de Séthi Ier, ainsi que la grande différence de style entre les deux laissent penser à de nombreux spécialistes que l'Osiréion est un monument beaucoup plus ancien.

La preuve de l'Osiréion concorde avec celle de Gizeh et ailleurs pour avancer que la civilisation égyptienne est beaucoup plus ancienne.

>>> Plusieurs photographies illustrant le texte de ce sous-chapitre peuvent être trouvées dans la version digitale publiée en formats PDF et eBook.

1.2 LE POINT DE DÉPART

Hérodote a rapporté qu'il avait été informé par des prêtres égyptiens que **"le soleil s'était levé deux fois à l'endroit où il se couche maintenant, et couché deux fois à l'endroit où maintenant il se lève"**. Cette déclaration indique que les Égyptiens anciens ont compté leur histoire durant plus d'un cycle du zodiaque de 25 920 ans.

Le cycle du zodiaque de 25 920 années résulte de la rotation irrégulière de la Terre qui ne tourne pas de manière exacte autour de son axe, mais plutôt légèrement comme une toupie. [Voir les schémas et les explications concernant les fondements de ce phénomène au chapitre 11]. Ce mouvement est appelé précession. Cette oscillation de la Terre sur son axe fait que l'équinoxe de printemps se produit chaque année en décalage progressif avec les constellations du zodiaque.

La précession des équinoxes, au travers des constellations, donne les noms des douze ères du zodiaque. Il faut environ 2 160 années à l'équinoxe pour parcourir un signe du zodiaque. Par conséquent, il faut 25 920 ans à l'équinoxe de printemps pour traverser l'ensemble des constellations des douze signes du zodiaque. Ce cycle complet est appelé la Grande/Complète Année.

Par conséquent, l'affirmation d'Hérodote au sujet du coucher/lever du soleil où il se couche/lève maintenant, signifierait que les Égyptiens comptaient à rebours leur histoire sur plus d'un cycle complet du zodiaque. Les cycles correspondant aux précessions de l'équinoxe ont été observés et enregistrés dans l'Égypte antique [Voir le chapitre 11 *Astronomie*].

Le cycle actuel du zodiaque (Grande/Complète Année) a commencé avec le signe du Lion comme suit :

> Ère du LION : 10948-8788 avant notre ère
> Ère du CANCER : 8787-6628 avant notre ère
> Ère des GÉMEAUX : 6627-4468 avant notre ère
> Ère du TAUREAU : 4467-2308 avant notre ère
> Ère du BÉLIER : 2307-148 avant notre ère

L'histoire de l'ancienne Égypte s'étend sur un cycle complet du zodiaque de 25 920 années plus une portion de cycle comprise entre 10 948 ans avant notre ère et la fin de l'ère du Bélier, quand l'Égypte perdit son indépendance. Donc, le début de l'Égypte antique remonte à [25 920 + (10 948 – 148)] = 36 720 ans. Nous confirmerons cela par d'autres calculs un peu plus loin.

Que la civilisation de l'Égypte antique ait plus de 36 000 ans – et que par conséquent la vie sur la Terre ait le même âge – va à l'encontre des croyances chrétiennes et occidentales.

Celles-ci considèrent que la vie sur la Terre est âgée d'environ 5 000 ans. Le résultat est qu'il a été répété constamment que le pharaon Ménès (environ XXXIe siècle avant notre ère) "unifia l'Égypte" et que ce fut le début de la civilisation de l'ancienne Égypte. Cette assertion arbitraire, répétée et infondée au sujet du pharaon Ménès qui marquerait le début de l'histoire de l'ancienne Égypte, est contraire aux preuves. Les auteurs grecs et romains de l'Antiquité, basant leurs récits sur des informations de première ou de seconde main recueillies à partir de sources égyptiennes, avancent une ancienneté très supérieure de la civilisation égyptienne que celle qui avait été établie par les chercheurs.

La chronologie des pharaons de l'Égypte ancienne, depuis les temps de Ménès, vient essentiellement de Manéthon depuis le IIIe siècle avant notre ère. Les travaux de Manéthon n'ont pas survécu – nous disposons seulement des commentaires de Sextus Africanus [221 de notre ère] et d'Eusèbe de Césarée [264-340 de notre ère].

D'après Eusèbe, Manéthon attribuait une grande antiquité à l'Égypte pharaonique, avec l'âge de l'antiquité de l'Égypte ancienne remontant à 36 000 ans, ce qui est consistant avec les représentations d'Hérodote. C'est en concordance générale avec d'autres représentations et de découvertes de preuves, tels que Diodore de Sicile [Diodore I, 24] et des documents d'Égypte ancienne connus sous le nom de Papyrus de Turin – un document égyptien original daté de la 17e dynastie [1 400 avant notre ère].

Les preuves physiques soutiennent également cette antiquité lointaine de l'Égypte ancienne – en dépit du fait que beaucoup de preuves archéologiques de temps aussi anciens soient ensevelis bien en dessous des niveaux actuels des nappes phréatiques, à cause du phénomène de la Vallée du Nil montante [comme expliqué à l'Annexe B avec des photographies de support]. Les preuves restent dans de nombreux textes, temples et tombes d'Égypte ancienne qui corroborent les affirmations d'auteurs grecs et romains. Par exemple, les temples de toute l'Égypte font allusion à une construction bien plus antérieure à "l'histoire dynastique". Les textes inscrits sur les cryptes des temples de Het-Heru (Hathor) à Dendérah montrent clairement que le temple a été restauré durant l'Ère Ptolémaïque, à partir de dessins qui remontent au roi Pépi de la 6e dynastie (2 400 avant notre ère). Les dessins eux-mêmes sont des copies de documents vieux de plusieurs milliers d'années (du temps des *Suiveurs d'Horus*). Le texte dit :

> **La fondation vénérable à Dendérah est indiquée dans des écrits anciens apposés sur des rouleaux de cuir à l'époque des Suiveurs d'Horus (=les rois précédents Mena/Ménès) à Men-Nefer (Memphis) dans un coffret, à l'époque du seigneur des deux pays... Pépi.**

À cause de l'élévation des terres égyptiennes, comme expliqué antérieurement, plusieurs anciens temples égyptiens avaient besoin d'être rehaussés – comme le confirma Hérodote et les preuves tangibles visibles dans toute l'Égypte. Bien que quelques temples de l'ancienne Égypte aient été restaurés pendant la période gréco-romaine, ils furent reconstruits selon les plans, les symboles, les divinités, les illustrations, etc., de l'Égypte antique

que l'on trouve dans de nombreux temples et tombes à travers le pays, et ce bien avant l'ère gréco-romaine.

1.3 L'ÈRE DU LION ET LE SPHINX

Le cycle actuel du zodiaque débuta avec l'ère du Lion [10948-8788 avant notre ère], il est représenté par le grand sphinx de Gizeh arborant une tête humaine et un corps de lion. Aussi bien les preuves historiques que matérielles sur le site du sphinx indiquent son âge reculé, malgré l'idée commune (mais sans fondement) qu'il fut construit à une période située entre 2520-2494 avant notre ère, durant le règne de Khéphren (Kha-frê).

Hérodote, qui écrivit en détail sur les pyramides de Gizeh et les pharaons constructeurs (incluant Khéphren), n'a jamais attribué la construction du sphinx à Khéphren. D'autres auteurs de l'Antiquité, qui écrivirent sur le sphinx, ne l'ont jamais attribué à un pharaon en particulier.

Une preuve matérielle importante concernant l'ancienneté du Grand Sphinx est la stèle de l'ancienne Égypte, appelée communément la "stèle de l'inventaire", qui a été trouvée à Gizeh au XIXe siècle. Cette stèle décrit des événements qui se sont déroulés durant le règne de Khéops [*Cheops* 2551-2528 avant notre ère], le prédécesseur de Khéphren, et indique que Khéops ordonna la construction d'un monument à côté du sphinx. Cela signifie que celui-ci était déjà là à l'époque de Khéops et donc qu'il n'a pu être érigé par son successeur Khéphren [2520-2494 avant notre ère].

Puisque la "stèle de l'inventaire" contredisait les assertions des chercheurs occidentaux au sujet de Khéphren responsable de la construction du sphinx, ils écartèrent la stèle considérant que ses traits de style correspondaient en fait au Nouveau Royaume [1550-1070 avant notre ère]. Ce n'est pas une raison suffisante pour l'écarter, car de nombreuses stèles et textes de l'Ancien

Royaume [2575-2150 avant notre ère] furent copiés plus tard durant le Nouveau Royaume et personne n'a contesté leur authenticité. Il est pratique courante de recopier des documents anciens afin de préserver les connaissances pour les générations futures.

En dépit de la clarté du texte de la stèle de l'inventaire indiquant que le sphinx existait déjà quand Khéops construisit la Grande Pyramide, certains persistent à dire que Khéphren fut le constructeur du sphinx en se basant sur deux arguments très contestables :

1. Une stèle attribuée au pharaon *Twt Homosis* (Thoutmôsis) IV [1413-1405 avant notre ère] qui fut placée entre les pattes du sphinx. Dans ce long texte, certains prétendent que le nom de Khéphren (*Chepren*) y apparaît, bien que le texte contenant le nom soit illisible. Il s'agit au fond d'une tentative désespérée d'imposer le nom de Khéphren sur le site du sphinx.
2. Il existe une route entre le temple-pyramide de Khéphren et le temple de la Vallée, d'à peu près 500 m de long. Bien qu'il n'y ait aucune inscription sur le sphinx ou dans le temple, les académiciens occidentaux avancèrent que la présence de la route était la preuve suffisante d'un certain rapport avec Khéphren.
3. Plus tard, des excavations mirent au jour un certain nombre de statues dans ce temple, qui furent considérées comme "ressemblant" à la tête du sphinx. Toutefois, quand les profils des têtes des statues furent superposés au profil de la tête du sphinx, il n'y avait aucune correspondance.

Même si nous cédons à ces faux arguments concernant un nom sur une stèle ou ces statues dénuées de lien, ou encore la présence de la chaussée, au mieux nous aboutirons à la conclusion que Khéphren a pu être le dernier pharaon ayant restauré le sphinx avant *Twt Homosis IV*, plus de 1 000 ans après l'époque de Khéphren.

Les preuves matérielles découvertes sur le site du sphinx soutiennent son ancienneté et son appartenance à l'ère zodiacale du Lion.

Le site d'origine où se trouve le sphinx était un plan légèrement incliné avec un affleurement de roche plus dure. Les principales caractéristiques du sphinx résultent des différentes conditions géologiques indiquées ci-dessous :

1. La tête du sphinx a été sculptée dans cet affleurement de couche dure qui est résistante à l'action des éléments naturels.
2. Le corps du sphinx a été formé en retirant les pierres qui entouraient la future sculpture. Celui-ci était fait d'une couche de calcaire plus tendre qui a son tour est constituée d'une alternance de strates plus dures et plus tendres. Celles-ci sont visibles sur le site et forment des stries résultant de l'érosion naturelle et se prolongent à 60 cm de profondeur dans le socle rocheux.
3. La base du sphinx, comme le fond de la carrière d'origine, sont constitués d'une roche calcaire plus dure qui est résistante à l'action des éléments naturels.

Étant donné que le corps du sphinx est situé dans une dépression, il faut moins de 20 ans pour la remplir et recouvrir entièrement le corps. Mis à part durant le siècle dernier, le sphinx a été recouvert de sable depuis l'époque où il a été créé, voici des milliers d'années. Par conséquent, le sphinx fut protégé de l'érosion due au vent et au sable. Toutefois, il y a une légère érosion d'environ 60 cm sur la paroi de l'excavation (autour du corps du sphinx) qui présente les mêmes caractéristiques que celles du sphinx. Donc la roche et le sphinx furent taillés avant que ne survienne cette altération climatique sévère.

Beaucoup de chercheurs se sont résignés au fait que l'érosion du corps du sphinx a été causée par l'eau. La question devient alors: quelle eau a pu causer ces motifs d'érosion particuliers? On doit écarter l'idée selon laquelle la nappe phréatique aurait provoqué une telle érosion car elle se trouvait 9 m plus bas que son niveau actuel à l'époque de Khéphren [2520-2494 avant notre ère]. En d'autres termes, il est impossible que la nappe phréatique ait provoqué des rainures de 60 cm de profondeur dans le corps du sphinx et les parois de la carrière.

Comme je l'ai expliqué au début de ce chapitre, au cours de milliers d'années l'inondation du Nil avait déposé progressivement du limon sur le sol de la vallée. Chaque fois que le sol s'élève, le niveau de la nappe phréatique en fait autant. Par conséquent, la réfutation de la théorie de l'érosion du site du sphinx due à la nappe phréatique devient évidente. Il n'y a donc pas d'autre réponse valable que celle affirmant que l'érosion eut lieu à la fin de la dernière période glaciaire [env. 15 000-10 000 avant notre ère]. Les géologues s'accordent à dire que l'Égypte fut sujette à de sévères inondations à la fin de la dernière période glaciaire.

Un autre élément de preuve important concernant l'ancienneté du sphinx est l'extraction d'une carotte ayant été forée en face du temple du sphinx en ruines (situé en face du sphinx et fermé au public) qui a révélé la présence de granite rose à une profondeur de 16,50 m. Le granite n'est pas originaire du nord de l'Égypte et ne pouvait venir que d'Assouan, soit plus de 1600 km au sud. La présence de granite à une telle profondeur est une preuve supplémentaire que des activités de construction eurent lieu bien plus tôt que 3 000 ans avant notre ère, quand le sol se trouvait 16,50 m au-dessous de son niveau actuel.

Pour résumer, les preuves matérielles et historiques accablantes détaillées ci-dessus nous conduisent à la conclusion que Khéphren n'a pas et ne pouvait pas avoir construit le sphinx, mais qu'il fut l'un de ceux qui le restaurèrent. Bien entendu, les monuments de l'Égypte antique avaient besoin d'être restaurés régulièrement au fil des décennies/siècles. Les indices autour du sphinx de Gizeh sont la marque antique de l'ère zodiacale du Lion, il y a 13 000 ans.

>>> Plusieurs photographies illustrant le texte de ce sous-chapitre peuvent être trouvées dans la version digitale de ce livre publiée en formats PDF et eBook.

1.4 LE CALENDRIER ÉGYPTIEN

À présent, consacrons-nous à déterminer l'âge de l'Égypte antique en étudiant son calendrier.

La connaissance approfondie des Égyptiens en astronomie, comme le démontre leur calendrier, était reconnue par Strabon (64 avant notre ère – 25 de notre ère), qui écrivit :

> ***Ils*** [*les prêtres égyptiens*] **ont révélé aux Grecs, les secrets de l'année pleine, que ces derniers ignoraient, comme beaucoup de choses...**

Le calendrier égyptien, très ingénieux et très précis, se basait sur l'observation et l'étude des mouvements de Sirius dans le ciel. L'antique calendrier égyptien est ainsi appelé le calendrier sothiaque, c'est-à-dire qui a un rapport avec Sirius *Sabt*, l'étoile du Chien.

Les Égyptiens anciens savaient que l'année durait un peu plus de 365¼ jours. La Terre met 365,25636 jours pour compléter une révolution autour du Soleil.

Il est important de souligner que les égyptologues modernes ont pu retracer 3 000 ans d'histoire de l'Égypte antique uniquement grâce à la précision de l'année sothiaque de 365,25636 jours. De plus, c'est le calendrier égyptien qui a permis aux étudiants d'histoire du monde entier de pouvoir estimer la date des événements dans tous les autres pays, ceux-ci n'ayant jamais eu un calendrier correct, voire même aucun.

Avec pragmatisme, les Égyptiens anciens utilisaient un calendrier composé de 12 mois, dont chaque mois contenait 30 jours. Afin de combler la différence entre 360 (30×12) jours et 365,25363 jours et ainsi clore une année complète, ils effectuaient les ajustements suivants :

1. La différence de 5,25 jours à la fin de l'année égyptienne vient du fait d'ajouter 5 jours chaque année et un jour supplémentaire tous les 4 ans. L'année de l'ancienne Égypte débutait (en 2007) le 11 septembre. Les 5/6 jours supplémentaires commençaient le 6 septembre.

2. La différence de 0,00636 jour (365,25636 – 365¼ jours) chaque année oblige à ajouter un autre jour tous les (1/0,00636) 157¼ ans, ce que les Égyptiens ont continué de faire jusqu'à aujourd'hui, en rajoutant un jour supplémentaire tous les cycles de 157, 314, 471 et 629 années. Ces ajustements effectués par les Égyptiens sont clairement visibles durant les 2 000 dernières années, si l'on compare le calendrier de l'Égypte antique avec le calendrier "latin" (comme expliqué ci-dessous).

Après sa visite en Égypte en 48 avant notre ère, Jules César commanda à l'astronome Sosigène d'Alexandrie d'introduire un calendrier dans l'Empire romain. C'est ainsi que le calendrier julien, composé de 365 jours par an et de 366 jours les années bissextiles, vit le jour. Le calendrier romain (julien) était littéralement taillé sur mesure pour un roi. Le premier jour de l'année correspondait au jour de couronnement du roi égyptien à la fin du jubilé annuel de rajeunissement [Pour plus d'informations, voir *Mystiques égyptiens – Chercheurs de la Voie*, du même auteur].

Cependant, le calendrier julien ne tenait pas compte du fait que l'année durait un peu plus de 365¼ jours. La différence entre les

365,25 et les 365,25636 jours, de l'adoption du calendrier julien à nos jours, est de 13 jours. Une telle différence explique la variation de 13 jours dans les observations annuelles de nombreux festivals chrétiens, entre les églises orthodoxes et non orthodoxes. Ceci s'explique par le fait qu'un groupe a suivi le calendrier égyptien précis, tandis que l'autre a suivi le calendrier julien approximatif.

Quand le calendrier latin fut adopté en 48 avant notre ère, le premier jour du calendrier égyptien fut le 29 août. Maintenant, c'est le 11 septembre, soit une différence de 13 jours que je viens d'expliquer à l'instant.

Pour trouver la date de début du calendrier de l'Égypte ancienne dans le calendrier latin (déficient), il faut prendre en compte la différence de 0,00636 jour (365,25636 – 365,2500 jours) chaque année entre le 29 août et le 21 juin. Le 21 juin correspond au solstice d'été qui marque le commencement du calendrier de l'Égypte antique, qui marque à son tour le commencement du cycle sothiaque – quand le cycle sothiaque égyptien commence avec le lever héliaque de Sirius sur l'horizon en même temps que le Soleil et qu'elle reste visible quelque temps puis disparaît avec le lever du jour.

D'abord, nous trouvons une différence entre le 29 août et le 21 juin de 69 jours. En divisant ces 69 jours par 0,00636, le résultat est 10 849 années. Par conséquent, le 29 août de l'an 48 avant notre ère, le calendrier égyptien marquait au moins 10 897 avant notre ère (10 849 + 48).

Comparons nos calculs du calendrier sothiaque de 10 897 avec ceux du zodiaque. Comme indiqué précédemment, le cycle zodiacal actuel a commencé en 10 948 avant notre ère. La différence entre 10 897 avant notre ère et le début de l'ère du Lion (10 948 avant notre ère) est de 51 ans. En d'autres termes, en 48 avant notre ère, le calendrier de l'Égypte antique se trouvait au premier tiers du cycle d'une période de 157 ans.

L'année 10 948 avant notre ère étant le commencement de l'ère du Lion, elle coïncide avec les déclarations de tous les premiers auteurs grecs et romains tels que Platon, dont le recueil de dialogues indique que les canons de proportions de l'Égypte ancienne, pour les arts et l'architecture, n'ont pas changé durant les 10 000 ans qui ont précédé son époque (428-347 avant notre ère), affirma-t-il :

> *Que les dessins et les statues réalisés voici dix mille ans ne sont pas spécialement meilleurs ou pires que ceux qu'ils font maintenant.*

Depuis l'occupation islamique /arabe en Égypte (641 de notre ère), ce calendrier a pris le nom de calendrier "copte", bien qu'il ait été développé des milliers d'années avant le christianisme. Les Égyptiens modernes suivent encore l'ancien calendrier égyptien, pour quasiment tous les innombrables festivals annuels, l'agriculture, la météorologie et dans d'autres domaines (exception faite de quelques rares cas). Il s'agit de loin le calendrier le plus pratique et le plus précis utilisé dans le monde.

Chapitre 2 : Le peuple égyptien

2.1 LES ÉGYPTIENS, PEUPLE IMMUABLE

Les Égyptiens sont traditionalistes jusqu'à l'excès. Tout au long de l'histoire de l'Égypte, l'accent a toujours été mis sur l'adhésion aux traditions et les Égyptiens ne se sont jamais écartés de ces principes. Dans le plus vieux texte du monde ayant survécu (écrit voici 5 000 ans), le scribe égyptien Ptah Hotep affirme :

> *Ne modifiez/changez rien des enseignements/instructions de vos pères (ancêtres), pas même un seul mot. Laissez cette règle être le fondement des enseignements aux générations futures.*

Les Égyptiens ne se sont jamais écartés de cette règle. Les premiers historiens ont confirmé ce fait, comme Hérodote dans les *Histoires, Livre II*, [79] :

> *Contents des chansons qu'ils tiennent de leurs pères, ils n'y en ajoutent point d'autres.*

Hérodote, dans les *Histoires, Livre II*, [91] :

> *Les Égyptiens ont un grand éloignement pour les coutumes des Grecs, en un mot pour celles de tous les autres hommes.*

L'essence d'un tel traditionalisme est dans la totale adhésion des Égyptiens à la primauté établie par leurs ancêtres. Tout ce qu'ils font, chaque action, chaque mouvement, chaque décret doit être justifié sous l'angle de leur primauté ancestrale, de se conformer à et d'expliquer leurs actions et leurs actes. Toute la sociologie et l'existence des Égyptiens anciens et *Baladi*, du début jusqu'à la fin, ne sont rien d'autre qu'une longue chaîne de précédents, dont chaque maillon est devenu une coutume et une loi de leurs pères spirituels et qui s'incarnent en eux-mêmes. Platon et d'autres écrivains ont confirmé la totale adhésion des Égyptiens à leurs propres traditions. Avec cette attitude, rien n'a changé depuis lors et chaque voyageur en Égypte a confirmé leur allégeance à ce conservatisme.

Toutes ces affirmations sur le fait que les Égyptiens anciens auraient changé leurs manières, leurs langues, leur religion, leurs traditions, etc., sont erronées. Une étude précise montrera qu'elles sont de purs mirages. La vérité est que les anciennes traditions sont toujours vivantes et continuent de l'être au sein de la majorité silencieuse qu'on appelle (et qui se nomment eux-mêmes) *Baladi*, ce qui signifie natif. Les minorités bruyantes (les hauts-fonctionnaires, les universitaires, les journalistes et les intellectuels auto-proclamés) sont décrites par la majorité silencieuse comme *Afrangi*, ce qui veut dire étrangers. Les *Afrangi* sont les Égyptiens qui ont compromis l'héritage du pays afin d'obtenir des positions élevées et une approbation de la part des envahisseurs étrangers. En tant qu'instrument des forces étrangères, comme les Arabes, les *Afrangi* dirigent et dominent les *Baladi*, les indigènes. Les *Afrangi* sont, comme leurs maîtres étrangers, arrogants, cruels et vains. Après que les forces étrangères ont quitté l'Égypte, les *Afrangi* égyptiens ont continué leur rôle de dirigeants moralisateurs.

Les *Baladi*, ce peuple immuable, les porteurs de torche des ancêtres de l'ancienne Égypte, furent dédaigneusement dépouillés de leur nationalité, comme cela est expliqué ci-dessous.

Il est bien connu que l'histoire est "écrite" (plus exactement dictée/arrangée) par les vainqueurs du dernier conflit. Ainsi, il a été écrit que les Égyptiens anciens ont accepté la domination des règles ptolémaïques et romaines; qu'ils ont changé volontairement leurs croyances religieuses pour le christianisme et qu'un peu plus tard, ils acceptèrent de plein gré l'islam pour remplacer le christianisme. C'est ainsi que beaucoup de groupes divergents (euro centristes, afro centristes, islamistes, chrétiens, etc.) qui utilisent l'ancienne Égypte pour promouvoir leurs propres intérêts, insistent pour dire que les traditions, la religion et la langue de l'Égypte antique sont mortes. De tels mensonges infondés ont été validés par la minorité *Afrangi* qui sert les intérêts des conquérants arabes depuis l'an 640 de notre ère. Elle a consacré ses efforts à dénoncer son héritage ancestral.

À cause de la nature passive des Égyptiens *Baladi*, beaucoup de personnes ont inventé des "théories" au sujet de "l'identité" des Égyptiens qui n'ont, en aucune manière, de fondement scientifique ou historique. Les arguments de leurs assertions dénuées de fondement reposent sur la division et l'identification raciale du peuple d'Égypte qui sont basées elles-mêmes sur leurs religions supposées. Certains prétendent que les populations islamisées du pays (environ 90%) sont des colons arabes venus de la péninsule d'Arabie. La population chrétienne (environ 10%) se proclame comme étant les véritables Égyptiens, faisant référence aux Coptes, descendants des Égyptiens de l'Antiquité. D'autres avancent que les populations islamisées du pays sont de sang mêlé, entre les Égyptiens de l'Antiquité et les Arabes qui envahirent l'Égypte en 640 de notre ère. Le "sang" égyptien de l'Antiquité n'existe plus.

En réalité, les centaines de momies de l'Égypte antique, de tous âges et ayant subi un test ADN, ainsi que les nombreuses illustrations peintes dans les temples et les tombes d'antan montrent que les Égyptiens "musulmans" d'aujourd'hui appartiennent à la même race que leurs ancêtres de l'ancienne Égypte.

La population chrétienne d'Égypte est franchement différente de celle "musulmane". En fait, les chrétiens d'Égypte ne sont pas originaires de ce pays, mais ils représentent une minorité étrangère qui est venue en Égypte, depuis la Judée et la Syrie, pour servir les intérêts des Romains, en alimentant les garnisons militaires et/ou en prélevant les différentes taxes imposées par ceux-ci. Ce n'est pas par hasard que les centres où réside la population chrétienne d'Égypte sont exactement les mêmes lieux où les Romains maintenaient leurs centres militaires et administratifs (pour le prélèvement des taxes). Maintenant, 2 000 ans plus tard, ces gens qui parlaient le syriaque, possèdent des apparences et des manières facilement différentiables de celles de la majorité des natifs d'Égypte. Des visiteurs étrangers comme le chercheur britannique E. W. Lane, a confirmé de telles différences dans son livre, *The Manners and Customs of the Modern Egyptians* [1836].

Contrairement aux étrangers (syriaques et autres) vivant en Égypte, les natifs du pays ne se sont jamais convertis au christianisme. C'est la migration syrienne vers Alexandrie qui a constitué le gros des premiers chrétiens en Égypte. En 312 de notre ère, le christianisme devint l'unique religion officielle de l'Empire romain. Quelque temps plus tard, l'empire se divisa. L'Égypte fut intégrée à la partie est (ou byzantine) de l'empire en l'an 3 de notre ère. La déclaration de Constantin Ier faisant du christianisme la religion officielle de l'empire eut deux effets immédiats concernant l'Égypte. Premièrement, cela permit à l'Église de renforcer l'organisation de sa structure administrative et d'acquérir des richesses considérables. Deuxièmement, cela permit aux chrétiens fanatiques de supprimer les rites religieux des natifs d'Égypte, de détruire leurs propriétés et leurs temples. Ainsi, lorsque Théophile d'Alexandrie fut déclaré évêque de la ville en 391 de notre ère, une vague de destruction se répandit sur le pays. Les tombes furent saccagées, les murs des monuments anciens vandalisés et les statues renversées. La célèbre Bibliothèque d'Alexandrie, qui contenait des centaines de milliers de documents, fut détruite. Les premiers chrétiens fanatiques s'approprièrent les temples de l'ancienne Égypte. Aux IVe et Ve siècles, beaucoup d'anciens temples situés sur la rive ouest de Louxor (Thèbes) furent convertis en centres monastiques.

Il n'y a pas de preuve archéologique, en dehors d'Alexandrie, pour conforter les déclarations totalement exagérées de popularité des chrétiens. Les Égyptiens anciens n'avaient nullement besoin d'une nouvelle "illumination" de la part des fanatiques chrétiens, car cette chose que l'on appelle maintenant religion chrétienne existait déjà dans l'Égypte antique, bien avant l'adoption du Nouveau Testament. L'égyptologue britannique Sir E. A. Wallis Budge a écrit dans son livre *The Gods of the Egyptians* [1969] :

> *La nouvelle religion (le christianisme) qui fut prêchée là-bas par St Marc et ses disciples immédiats, ressemblait bien étroitement à celle qui fut l'aboutissement du culte d'Osiris, Isis et Horus.*

La différence principale entre la version égyptienne et celle du Nouveau Testament est que le récit de l'évangile est considéré comme historique, alors que l'histoire d'Osiris/Isis/Horus est une allégorie. L'académicien britannique A. N. Wilson fait valoir dans son livre *Jésus* que:

> *Le Jésus de l'Histoire et le Christ de la Foi sont deux entités séparées, avec des histoires très différentes.*

Les premiers chrétiens ont confondu la fiction avec les faits. Dans leur ignorance aveugle, ils ont mal traduit le langage allégorique et spirituel des Égyptiens de l'Antiquité en une histoire épurée. Ce "Christ est en vous" est le message de vérité de l'ancienne Égypte qui fut enterré par ceux qui voulaient faire l'histoire à partir d'une allégorie spirituelle. [Pour plus d'informations, voir *Ancienne Égypte – Les racines du Christianisme* de M. Gadalla.]

L'histoire des luttes politiques et doctrinales au sein de l'Église pendant et après le IVe siècle a largement été commentée en ce qui concerne les querelles sur la nature de Dieu et du Christ et leurs relations. Ces groupes se distinguaient par leur nom de famille jacobite ou copte, melkite ou royaliste. Les Jacobites étaient monophysites par croyance, surtout de par leur race bien qu'ils n'étaient pas tous nés en Égypte, mais de descendance étrangère (considérés par erreur comme natifs d'Égypte); tandis que les Melkites étaient des fidèles orthodoxes de Chalcédoine et pour la plupart d'origine grecque ou européenne.

Les monophysites avaient adopté depuis le départ une doctrine du Christ qui insistait le plus possible sur sa divinité et qui rejetait l'idée qu'il avait une nature humaine. Quand les théologiens orthodoxes de Rome et de Constantinople se mirent d'accord au concile de Chalcédoine en 451, sur le fait que le Christ devait être vénéré "comme deux natures inséparablement unies", l'opposition monophysite opposa que bien que le Christ pouvait "provenir de deux natures", il ne pouvait pas être de deux natures. En conséquence, pendant le règne du patriarche Dioscore, l'Église monophysite d'Égypte se sépara de l'Église orthodoxe melkite en 451 et élit son propre patriarche. Depuis lors, chacune des deux églises a un patriarche et une administration séparés.

On entend beaucoup de choses à propos de la persécution des "Coptes". Cependant, ce sont eux qui la cherchèrent en refusant les autres croyances religieuses, celles de leurs amis melkites et chrétiens comprises. Leur rejet d'autres cultes religieux fut violent et destructeur. Bien qu'ils fussent autorisés à avoir leur propre patriarche, ils refusaient aux Melkites et aux autres leur droit de pratiquer le culte à leur façon. Cyrus, qui fut envoyé en tant que patriarche de l'empire à Alexandrie en 631 de notre ère, fut accusé de cette soi-disant persécution. La double succession des pontifes fut conservée. D'abord, Cyrus chercha un compromis entre les deux factions (les Melkites et les Monophysites). Il fut rejeté par les Monophysites qui ne reconnaissaient pas son autorité.

Cyrus devait rétablir l'ordre au nom de son empereur car les Monophysites avaient terrorisé et exterminé ceux qui n'étaient tout simplement pas d'accord avec leurs interprétations fanatiques. Cyrus a-t-il persécuté les Monophysites ou bien ont-ils provoqué sa réaction en le rejetant ainsi que son autorité ? Par extension, ils avaient poursuivi le peuple d'Égypte (leur hôte) pendant plusieurs siècles et, ironiquement, Cyrus, le chrétien, leur infligea le même traitement.

En décembre 539 de notre ère, quand les Arabes musulmans partirent pour conquérir l'Égypte avec quelques milliers d'hommes, leur tâche fut relativement aisée avec l'aide énergique des Monophysites chrétiens non-égyptiens. Après moins de deux ans de combats et de manœuvres entre les envahisseurs arabes et les Byzantins, Cyrus signa un traité avec les Arabes musulmans le 8 novembre 641. Celui-ci exigeait un retrait total des soldats romains, imposant un impôt à chaque homme valide et une taxe à tous les propriétaires terriens. Les seules parties signataires du traité étaient les Arabes musulmans et les chrétiens non-égyptiens qui livrèrent un pays, l'Égypte, qui n'était pas le leur.

À cause de la coopération active des chrétiens, les vainqueurs arabes et musulmans privilégièrent l'Église monophysite, l'employant à les aider dans la collecte des capitations imposées aux natifs d'Égypte. En d'autres termes, les Arabes conservèrent la même organisation pour la collecte de l'impôt qui existait à l'époque romaine/byzantine. En contrepartie, les chrétiens avaient la garantie de pouvoir continuer à pratiquer leur religion. L'ultime défaite du régime byzantin en Égypte résulta de l'évacuation d'Alexandrie par leurs soldats en 642 de notre ère. À partir de cette date, l'Égypte devint une colonie islamique/arabe, car gouvernée par des étrangers, plus ou moins directement par le biais des Égyptiens *Afrangi*.

Dans un régime islamique, une personne doit déclarer publiquement son allégeance à l'une des trois religions "approuvées" (islam, christianisme et judaïsme), car la loi islamique impose une "taxe" supplémentaire (connue comme *Jizya*) aux chrétiens et aux juifs. La population égyptienne, contrôlée ou menacée par les envahisseurs arabes (et leurs collecteurs d'impôts, les chrétiens), devait se déclarer en faveur de l'une des trois religions "reconnues". Une telle déclaration était une obligation et jamais une véritable conversion. Une fois qu'une personne déclarait son "islamisation", elle ne pouvait pas en changer car sinon cela aurait été considéré comme un blasphème punissable de mort sous les coups de n'importe quel musulman. De plus, tous les enfants des personnes islamisées sont considérés automatiquement comme musulmans, par la loi musulmane, et par la suite ils ne peuvent jamais renier l'islam.

Le terme de Copte précède le christianisme, il est le nom courant employé par les Grecs pour désigner un Égyptien. Après l'an 640, les Arabes utilisèrent ce mot pour désigner les Égyptiens non-musulmans et considéraient la population islamisée comme arabe. En d'autres termes, les vainqueurs de l'invasion de l'an 640 de notre ère modifièrent à leur guise la race des Égyptiens à cause d'une religion qui leur fut imposée par les conquérants. Ainsi, le terme de "copte" prit un autre sens au VIIe siècle pour dénommer un chrétien au lieu d'un Égyptien.

Les Égyptiens furent envahis plusieurs fois sans jamais opposer de véritable résistance. Les Égyptiens *Baladi* ont appris à conserver leurs anciennes traditions sous un voile d'islam. Un proverbe égyptien connu décrit leur mode de survie : "Il/Elle joue avec un œuf et une pierre, pour éviter que l'œuf fragile ne soit écrasé par la pierre." (Vous trouverez davantage d'informations sur "l'isla-

misation" de l'Égypte dans d'autres livres de Gadalla tels que :
*Mystiques égyptiens – Chercheurs de la Voie, Instruments de musique
égyptiens* et *Cosmologie égyptienne – L'univers animé*].

2.3 L'ÉTAT D'ESPRIT DES MORTELS

La principale devise égyptienne était/est de travailler pour votre
vie terrestre comme si vous alliez vivre pour toujours, mais aussi
de vous préparer à une mort inévitable comme si vous alliez
mourir demain. Ce dualisme les rend à la fois très religieux et très
heureux. Parce que "la vie est courte", on doit la vivre pleinement,
mais en même temps, on doit avoir un comportement exemplaire
et être prêt à rencontrer le Créateur à tout moment.

Ce point de vue égyptien était naturel pour une coutume antique
où, pendant ou après les réunions, l'on apportait une représentation en bois d'Osiris de 45 cm à 90 cm de haut, qui ressemblait
à une momie humaine, puis on la montrait à chacun des invités
pour leur rappeler leur nature mortelle et le côté transitoire des
plaisirs humains. C'était tout à fait cohérent avec les idées des
Égyptiens d'être toujours conscients que cette vie n'est qu'un
"logement" ou une "auberge" le long du chemin et que leur existence présente est une préparation à un état futur.

Osiris représente le divin sous une forme mortelle, ce qui n'est
pas en contradiction avec le fait de profiter de notre voyage terrestre. Cela fut souligné par Diodore qui écrit dans son *Livre I*
[16, 4-5] :

> *Osiris aimait rire, il aimait la musique et la danse...*

L'intérêt des Égyptiens pour leur devenir après la mort provient
en partie de leur goût passionné pour la vie même. Ce point de
vue est partagé par Montaigne qui dit :

> *Qui apprendrait aux hommes à mourir leur apprendrait à
> vivre.*

Par conséquent, les Égyptiens étaient des gens gais et heureux avec un grand sens de l'humour. On trouve beaucoup de scènes humoristiques dans leurs peintures, notamment des scènes de jeux, de danse, de jonglage, etc. Des conseils pince-sans-rire étaient donnés aux maris qui désiraient camoufler leurs aventures : "Croque un oignon quand tu rentres chez toi. L'épouse sera convaincue qu'aucune femme n'osera embrasser son mari avec une telle haleine."

La vie quotidienne des Égyptiens était agrémentée par de nombreuses fêtes, la plupart de nature religieuse. On peut sentir l'effervescence de leur participation à ces festivités en observant les peintures des murs des temples. Hérodote décrit l'atmosphère festive d'une célébration religieuse dont tous les participants, hommes et femmes, pauvres et riches, chantaient, dansaient, psalmodiaient, applaudissaient, mangeaient, buvaient, etc.

Une conséquence de leur état d'esprit de mortel est qu'ils étaient (et sont toujours) foncièrement pragmatiques et ayant les pieds sur terre – ainsi que d'une grande humilité. Parmi les centaines de textes et de papyrus antiques qui ont été découverts – sur des sujets variés (médecine, mathématiques, etc.) – aucun crédit n'est attribué à une découverte/réalisation faite par une seule personne. Ils considèrent que chaque succès/talent est un don de Dieu et que, par conséquent, le crédit doit être seulement attribué à Lui. Ainsi, tous les aspects de la connaissance dans l'Égypte antique résultaient des attributs/aspects/qualités du divin, appelé *neteru* (dieux/déesses).

2.4 LES ÉGYPTIENS : UN PEUPLE IMPORTANT

L'Égypte fut le principal pays de l'Antiquité, le plus célèbre et le plus peuplé selon Diodore, dans son *Livre I*, [31, 6-9] :

> ***L'Égypte était anciennement plus peuplée que toutes les autres contrées de la terre, et encore aujourd'hui, elle n'est, sous ce rapport, inférieure à aucune autre nation...***

Hérodote affirma qu'il existait 20 000 cités à l'époque du règne d'Amasis. Diodore signala qu'il y avait 18 000 villages et villes et il affirma que, sous Ptolémée Lagos, ils s'élevaient à plus de 30 000. Josèphe estima la population durant le règne de Vespasien à 7,5 millions de personnes vivant dans la vallée du Nil, en plus de la population d'Alexandrie qui était d'environ 800 000.

En apparence, l'Égypte ancienne paraissait isolée et distincte du reste du monde, séparée par les déserts qui bordaient l'étroite vallée du Nil. Cependant, les Égyptiens étaient en contact permanent avec d'autres pays.

Les auteurs classiques tels que Plutarque, Hérodote et Diodore ont raconté comment l'Égypte ancienne disposait de colonies pacifiques dans le monde entier. Diodore, dans son *Livre I* [29, 5] affirme que :

Diodore, dans son *Livre I* [28, 1-4], raconte que certaines colonies pacifiques égyptiennes lui ont été signalées en Asie ou en Europe :

cés entre l'Arabie et la Syrie, descendent aussi des colons égyptiens...

Grâce à la renommée des colonies égyptiennes en Asie et en Europe, elles ont joué un rôle majeur dans le pays de leurs nouvelles colonies. Diodore, dans son *Livre I* [28, 6-7] discute le rôle significatif des colons égyptiens en tant que souverains de leurs nouvelles colonies :

> *De plus, certains gouvernants d'Athènes prétendaient qu'ils étaient d'origine égyptienne. Pétéo, [appelé Petès dans l'Iliade II 552] par exemple, père de Ménesthée qui se trouva au siège de Troie et qui était certainement Égyptien, conduisait les troupes d'Athènes et fut ensuite roi de cette ville.*

Diodore, dans son *Livre I*, [29, 1-5], affirme aussi :

> *Les Égyptiens avancent aussi qu'Érechthée, ancien roi d'Athènes, était originaire d'Égypte... Érechthée se souvenant de sa double origine fit alors transporter du blé de l'Égypte à Athènes, dont il fut nommé roi par la reconnaissance publique. Après avoir accepté la royauté, il institua à Éleusis les initiations et les mystères de Cérès, d'après les rites égyptiens... De plus, les initiations et les mystères de cette déesse furent alors établis à Éleusis, où les Athéniens observent les mêmes rites que les Égyptiens...*

> *...dérivent des prêtres égyptiens, et les hérauts des Pastophores. Enfin, les Athéniens sont les seuls Grecs qui jurent par Isis, et qui, par leurs opinions et leurs mœurs, ressemblent le plus aux Égyptiens.*

Hérodote [500 avant notre ère] affirma qu'il était originaire d'Halicarnasse, une ville dorienne. Il confirma clairement le lien entre les Doriens et l'Égypte dans les *Histoires, Livre VI*, [Sections 53-55] :

[53] . . . Mais si, à compter de Danaé, fille d'Acrisius, on veut parler de leurs ancêtres, on trouvera que les chefs des Doriens sont originaires d'Égypte.

[55] Je ne raconterai point comment, étant Égyptiens, ils parvinrent à être rois des Doriens ; d'autres l'ont dit avant moi : mais je ferai mention des choses que les autres n'ont pas touchées.

Hérodote dans [55] ci-dessus, déclara que ce genre de fait était largement connu à cette époque [500 avant notre ère] et ne nécessitait pas d'approfondissement. Hérodote fit référence plusieurs fois à d'autres liens entre les Doriens et les Égyptiens, comme dans les *Histoires, Livre II*, [Section 91].

En dernier lieu, il est à noter que les archives des Égyptiens anciens (tout comme les archives d'autres lieux) possèdent une multitude de noms de lieux qui sont méconnaissables aujourd'hui. Les noms des lieux, des groupes ethniques et des pays ne cessent de changer. Les noms des pays européens d'il y a 100 ans, par exemple, ne sont pas reconnaissables pour la plupart des Européens d'aujourd'hui. Au final, quand ces archives disparaîtront, dans quelques centaines d'années, plus aucun nom de ces pays ne sera reconnaissable.

Dans de nombreux endroits au monde, il est fait référence à des personnes bronzées /de peau brune qui ont apportés des connaissances dans des régions du monde entier. Ils sont décrits comme étant :

1. d'origines ou de caractéristiques "orientales".
2. un peuple non-guerrier qui s'est établi pacifiquement au milieu de la population locale.
3. très avancés en matière de métallurgie et ayant produit de larges quantités d'objets métalliques.
4. très organisés et très doués en gestion.

5. très avancés en agriculture en climat sec, irrigation, etc.
6. des constructeurs et des artisans très expérimentés et ayant construits des tombes mégalithiques, etc.
7. des personnes très religieuses avec des croyances animistes.

Les descriptions ci-dessus ne peuvent s'appliquer qu'à un seul pays : l'Égypte. En rassemblant les traditions orales, l'histoire des peuples et les découvertes archéologiques (grâce aux datations des implantations principales, des tombes, des activités minières, etc.) de tous les gens du bassin méditerranéen, on peut constater que les nouveaux civilisés ne pouvaient provenir que de la vallée du Nil.

L'émigration depuis l'Égypte s'est faite en plusieurs vagues. Elle était étroitement liée aux événements de l'Égypte ancienne. Certains sont partis lors de temps prospères afin d'élargir leurs contacts commerciaux. La majorité est partie en des temps troubles.

Pour plus d'informations sur les vagues d'immigration égyptiennes en Afrique subsaharienne et à l'intérieur de l'Afrique, lire l'ouvrage en anglais intitulé *Exiled Egyptians: The Heart of Africa* de Moustafa Gadalla.

Pour plus d'informations sur les vagues de l'immigration égyptienne vers la péninsule Ibérique, lire l'ouvrage en anglais intitulé *Egyptian Romany: The Essence of Hispania* de Moustafa Gadalla.

Chapitre 3 : Les plus religieux

3.1 COSMOLOGIE ÉGYPTIENNE ET ALLÉGORIES

Le système "d'éducation" façon "chaîne de fabrication" a comme résultat que beaucoup de gens sont incapables de comprendre les textes et les modes de pensée de l'ancienne Égypte. Pour surmonter ces obstacles intellectuels, il est par conséquent important de souligner le mode d'expression antique dans les différents aspects de leur culture, comme la religion.

Le savoir cosmologique de l'Égypte antique était exprimé sous forme d'histoire, ce qui était une façon supérieure d'exprimer des concepts physiques et métaphysiques. Les allégories bien rédigées sont le seul moyen d'expliquer les vérités les plus profondes au sujet de Dieu, la Création, la vie, l'âme, notre place dans l'univers et notre lutte pour atteindre des niveaux supérieurs d'intuition et de compréhension.

Les allégories sont un moyen choisi intentionnellement pour transmettre la connaissance. Les allégories mettent en scène les lois cosmiques, les principes, les processus, les relations et les fonctions, et les expriment en des termes faciles à comprendre. Une fois que les sens cachés des allégories ont été révélés, elles deviennent des merveilles de complétude et de concision, à la fois scientifique et philosophique. Plus on les étudie, plus elles s'enrichissent. La "dimension intérieure" des enseignements incrustés dans chaque histoire est capable de révéler plusieurs niveaux de connaissance, selon le niveau de développement de l'auditeur.

Les "secrets" sont révélés au fur et à mesure que l'on s'élève. Plus on s'élève, plus on voit. C'est toujours ainsi.

Tout bon écrivain ou conférencier sait que les histoires sont le meilleur moyen d'expliquer le comportement des choses parce que les relations des différentes parties les unes aux autres, et à l'ensemble, sont mieux appréhendées par l'esprit. Les sages égyptiens transformaient des noms communs et des adjectifs (indicateurs d'une qualité) en concepts propres et nommés. Ils étaient, en plus, personnifiés, afin de pouvoir être intégré dans des histoires.

Les Égyptiens ne croyaient pas que leurs allégories étaient des faits historiques. Ils croyaient en elles, dans le sens où ils croyaient au message de vérité qui se cachait derrière l'histoire.

Les Égyptiens anciens avaient de nombreuses allégories, telle que l'allégorie d'Osiris/Isis/Horus.

3.2 MONOTHÉISME ET POLYTHÉISME

Quand nous demandons "Qui est Dieu ?", nous demandons en réalité "Qu'est-ce qui est Dieu ?". Le seul nom ne nous apprend rien. "Dieu" peut seulement être défini par une multitude de "ses" attributs/qualités/pouvoirs/actions. Connaître "Dieu" c'est connaître les nombreuses qualités de "Dieu". Plus nous connaissons ces qualités (connues sous le nom de neteru), plus nous nous approchons de notre origine divine.

Loin d'être primitif et polythéiste, cela est la plus haute expression du mysticisme monothéique.

Les Égyptiens considéraient l'univers comme un acte conscient du Seul Grand Dieu. La doctrine fondamentale était l'unité de la Déité. Ce Seul Dieu n'était jamais représenté: c'était les fonctions et les attributs de son domaine qui l'étaient. Une fois la référence faite à ses fonctions/attributs, il devenait un agent reconnaissable, reflétant une fonction/attribut particulier et son influence sur le monde. Ses nombreux attributs et fonctions en tant que Créateur, Guérisseur et autres étaient appelé le neteru (au masculin singulier : neter, au féminin singulier : netert). En tant que tel, une netert ou un neter égyptien n'était pas une déesse ou un dieu mais la représentation d'une fonction/attribut du Seul Dieu.

[Pour plus d'informations sur les neteru de l'Égypte ancienne, lire l'ouvrage en anglais intitulé *Egyptian Divinities: The All Who Are THE ONE* de Moustafa Gadalla.]

3.3 SYMBOLISME ANIMAL

Pour les Égyptiens anciens, chaque animal/oiseau symbolise et incarne certaines fonctions et principes divins, d'une manière particulièrement pure et impactante. Par conséquent, les animaux et les neteru (dieux/déesses) à têtes animales sont des expressions symboliques d'une profonde compréhension spirituelle. Quand un animal entier est représenté en Égypte ancienne, il représente un une fonction / un attribut particulier dans sa forme la plus pure. Quand un personnage humain à tête d'animal est représenté, il communique une fonction/attribut particulier chez un être humain. Les deux formes d'Anubis, représentées ici dans les deux illustrations, distinguent clairement ces deux aspects.

Le chien incarne l'essence du guide spirituel. Le chien/chacal est connu pour avoir des instincts très développés de retour à la maison, de jour comme de nuit. Le chien est très utile dans des recherches et est l'animal de choix des personnes aveugles. Par conséquent, c'est un excellent choix pour guider l'âme des morts au travers de la région de la Douât.

Le rôle métaphysique d'Anubis, le chien, est reflété dans son régime alimentaire. Le chien/chacal mange de la charogne, la rendant ainsi nourrissante et bénéfique. En d'autres termes, Anubis représente la capacité de transformer des déchets en de la nourriture utile pour le corps (et l'âme) – comme les alchimistes transformant du plomb en or.

Plusieurs exemples de symbolismes animaux peuvent être trouvés dans l'ouvrage en anglais intitulé *Egyptian Divinities: The All Who Are THE ONE* de Moustafa Gadalla.

3.4 LA CRÉATION DE L'UNIVERS

Pour le peuple profondément religieux d'Égypte, la création de l'univers ne fut pas un événement accidentel qui se produisit par hasard. Ce fut un événement organisé qui fut planifié puis exécuté selon une loi divine rigoureuse qui gouverne le monde physique et métaphysique. Ainsi, pouvons-nous lire dans le *Livre pour connaître les formes d'existence de Rê et pour abattre Apep* (Apophis), connu sous le nom de *Papyrus Bremner-Rhind* ce qui suit :

> *Je conçus le Plan Divin de Loi et d'Ordre (Maa) pour faire toutes les formes. J'étais seul.*

La création est le classement (la définition/la mise en ordre) de tout le chaos (l'énergie/la matière et la conscience indifférenciées) de l'état originel. Tous les récits de l'Égypte ancienne sur la création l'ont décrite avec des étapes ordonnées, bien définies et clairement démarquées. Il faut remarquer que le processus de création de l'Égypte antique est complet, logique, ordonné et conforme aux découvertes scientifiques occidentales qui se firent jour plus tard.

[Pour des informations détaillées sur les récits scientifiques et cohérents concernant la création de l'Égypte antique, veuillez lire les ouvrages suivants : *Cosmologie égyptienne – L'univers animé*, *The Egyptian alphabetical Letters of Creation Cycle* et *Egyptian Divinities: The All Who Are The ONE*, tous de Moustafa Gadalla]

[Au sujet de l'homme et son rôle dans l'univers, veuillez lire les ouvrages en français suivants : *Cosmologie égyptienne – L'univers animé* et *Mystiques Égyptiens – Chercheurs de la Voie* de Moustafa Gadalla]

[Pour plus d'informations sur la divulgation de la religion égyptienne à travers le monde, veuillez lire les ouvrages en français suivants : *Isis – Femme divine* et *Ancienne Égypte – Les racines du christianisme* de Moustafa Gadalla]

Chapitre 4 : L'ordre social et politique

4.1 UNE SOCIÉTÉ MATRILINÉAIRE ET MATRIARCALE

Ce que nous considérons être une structure "politique", était pour les Égyptiens anciens un aspect naturel de leur structure sociale. Afin d'atteindre l'harmonie universelle parfaite, la structure sociale doit refléter la même hiérarchie ordonnée de l'univers créé. La survie et la réussite de l'Homme exigent qu'une telle structure ordonnée soit maintenue. Là-haut comme ici-bas est l'unique façon d'atteindre l'ordre et l'harmonie. En conséquence, les Égyptiens anciens (et les *Baladi*) ont adopté le système matrilinéaire/matriarcal comme étant la manifestation sociale des lois planétaires.

Dans le modèle d'histoire de l'Égypte antique, Isis représente le Soleil et son mari, Osiris, la Lune. La lumière de la Lune (Osiris – pharaon) est un reflet de celle du Soleil (Isis – reine). Le système social/politique antique respecte la relation entre le Soleil (femelle) et la Lune (mâle). Par conséquent, cette loi sociale/politique était présente dans l'allégorie égyptienne d'Osiris, qui devint alors le premier pharaon d'Égypte de par son mariage avec Isis. La représentation antique d'Isis est *Auset* qui signifie *siège*, c'est-à-dire *autorité* ; c'est le principe de légitimité – le trône physique actuel, comme illustré dans le symbolisme antique.

Sur la terre, la femelle est la source d'énergie, le soleil. Le système matrilinéaire/matriarcal suit les lois planétaires.

Tout au long de l'histoire de l'Égypte, c'était la reine qui transmettait le sang solaire. La reine était le véritable souverain, gardienne de la royauté et garante de la pureté du lignage. Les rois égyptiens réclamaient un droit au trône de par leur mariage avec l'aînée des princesses d'Égypte. Par le biais de cette union, elle transmettait la couronne à son mari qui agissait en tant qu'agent d'exécution.

Les pharaons, de même que les chefs des plus petites localités, adhéraient à ce système matrilinéaire/matriarcal. Si le pharaon/ leader n'avait pas de fille, une dynastie s'achevait et une autre débutait avec une nouvelle jeune femme vierge et vénérée qui représentait une nouvelle graine pour une nouvelle dynastie.

Puisque les femmes étaient les héritières légales du trône, elles jouaient un rôle important dans les affaires du pays, intervenant comme un personnage puissant. Les reines d'Égypte exerçaient une influence exceptionnelle en tant que conseillères des pharaons.

Des écrits du Moyen Royaume (2040-1783 avant notre ère) parvenus jusqu'à nous indiquent que les *nomes* (provinces) d'Égypte passaient d'une famille à l'autre par le biais de l'héritière, dès lors celui qui l'épousait gouvernait la province.

Les pratiques matrilinéaires en Égypte s'appliquaient aussi à toute la société, comme le démontrent les stèles funéraires de toutes sortes de gens à travers toute l'histoire attestée et connue de l'Égypte et où il était habituel d'établir la filiation du défunt par l'ascendance maternelle et non par celle du père. Seule la mère est spécifiée et non le père ou, s'il est mentionné, c'est accessoire. Cette tradition perdure encore secrètement (car cela est contraire à l'islam) chez les Égyptiens *Baladi*.

4.2 LES COMMUNAUTÉS MATRILOCALES

Le système matrilinéaire était la base de l'organisation sociale/

politique de l'ancienne Égypte. Par conséquent, les couples mariés égyptiens (et *Baladi*) de l'Antiquité vivaient dans la famille de l'épouse. De ce fait, il y avait une tendance marquée pour la résidence matrilocale dans les grandes familles. On trouve exactement le même système dans les communautés du *pueblo* d'Espagne.

Vivre chez les parents de la fille est la règle préférée. Même si la jeune femme quitte le foyer maternel, elle s'installe à proximité de telle sorte qu'on pourrait parler de système matrilinéaire. Cela signifie que les jeunes mariés essayent de s'installer dans une maison située tout près de celle de la mère de la mariée ; ainsi, les femmes sont rarement séparées. De plus, les enfants de la famille sont élevés à proximité de leurs oncles maternels. Un proverbe égyptien populaire illustre cette relation privilégiée entre les enfants et les oncles maternels : "L'oncle maternel est (comme) un père".

Une communauté matrilocale comprend généralement un certain nombre de familles matrilinéaires qui partagent la même lignée maternelle, vivant rassemblées dans une même zone réduite ou disséminées en groupes. Chaque famille possède une spécialité dans laquelle elle excelle et les tâches sont harmonieusement réparties entre les lignées familiales voisines. Chaque communauté matrilocale a son propre centre religieux (temple) afin d'honorer les ancêtres fondateurs de leur communauté.

Les communautés matrilocales produisant leur propre nourriture constituent la structure socio-politique de base qui peut varier de quelques familles (25-50 personnes) jusqu'à plusieurs milliers. Chaque famille possède un leader ou responsable de famille, qui est responsable du bien-être matériel et spirituel de chaque membre. Il maintient également la loi, l'ordre, la justice et l'harmonie. Des responsables sont aussi sélectionnés dans chaque foyer de la communauté. Les anciens de chaque lignée familiale règlent les disputes internes parmi les membres de leur lignée.

Dans les régions où les gens ont été attaqués par des étrangers, ce qui a entraîné l'apparition de réfugiés et/ou d'implantations forcées par des étrangers, la communauté du village peut être constituée couramment par un mélange ethnique. Quand tous les membres du village ne partagent pas des liens de sang, le chef de la lignée et d'autres anciens guident la communauté.

Les anciens, qui représentaient les lignées établies de la communauté, formaient un conseil (corps législatif) qui élisait un président de la lignée fondatrice de la communauté. Ce conseil assistait le président dans la gouvernance de la communauté. Le conseil des anciens servait aussi de cour qui aidait le président à allouer l'accès aux ressources (telles que l'accès à l'eau, la terre, etc.), à organiser des travaux publics, tels que les coopératives et les greniers pour stocker des produits, etc.

Le responsable de la communauté matrilocale (comme le modèle d'Osiris) est plus un "surveillant" qu'un gouvernant. Sa légitimité à gouverner son groupe provient du fait de respecter les principes matrilinéaires décrits antérieurement. Sa fonction principale était/est de relier (directement et/ou avec d'autres intermédiaires spirituels) la communauté par le biais de rituels à l'autorité des esprits des lieux et de ceux des anciens leaders, dans le contexte décrit ci-dessous.

Les croyances des Égyptiens anciens et Baladi en l'Animisme étaient aussi reflétées dans leurs relations traditionnelles entre la terre et les hommes. Les Égyptiens croyaient/croient que la terre n'a pas de valeur sans les hommes et, réciproquement, que les personnes ne pourraient pas exister sans terre. Par conséquent, tous les êtres vivants doivent reconnaître, respecter et coexister avec les résidents surnaturels de la terre. Les esprits d'un endroit (arbres, pierres, rivières, animaux et objets) étaient identifiés et apaisés par les premiers arrivants à s'installer dans un endroit.

Les droits d'un groupe, définis par une descendance généalogique commune, étaient liés à un endroit particulier et aux peuplements qui s'y trouvaient, non par "possession" mais parce qu'ils avaient un pacte initial avec la terre/le site. Les esprits, de la famille et de l'endroit, demandaient loyauté à des vertus communes et à l'autorité des anciens pour maintenir les croyances et les pratiques anciennes.

Donc tous les gens vivants rejoignent la population spirituelle locale préexistante dans un nouveau contrat entre eux-mêmes et les esprits locaux. Ce contrat légitime leur arrivée. En échange d'hommages réguliers à ces esprits, les fondateurs pouvaient réclamer l'accès perpétuel aux ressources locales. Ce faisant, ils devenaient la lignée en charge du sacerdoce héréditaire local et de la présidence du village et étaient/sont ainsi reconnus comme les "locataires de l'endroit" par des humains arrivant plus tard.

Un tel respect pour les esprits de la terre est révélateur d'un peuple qui ne viole ni personne ni aucune terre. Les Égyptiens, par conséquent, sont des gens très pacifiques.

4.3 LES FONDEMENTS DU SYSTÈME RÉPUBLICAIN

Les Égyptiens anciens reconnaissaient que les besoins de chaque communauté matrilocale ne pouvaient être entièrement comblés par la seule production locale.

Afin de protéger l'individualité de la politique et de sa cohérence socio-politique, un système de coopérative entre divers politiques était nécessaire – ce qui est le type d'alliance de communauté, où les coalitions sont formées pour partager certains devoirs et responsabilités qui bénéficient à tous. Ceci était organisé – comme confirmé par Strabon – en trois niveaux – communauté locale, district de compétences (département) et province (région). Ces formes d'organisations variaient d'une zone à une autre et d'une époque à une autre. Les Égyptiens anciens avaient des traditions d'organisations politiques non-coercitives.

Contrairement au type de gouvernement autocratique centralisé, la forme d'un gouvernement de type communautaire reconnaît l'importance du populisme – communautés locales.

Des coalitions sont formées pour se partager certains devoirs et responsabilités qui peuvent bénéficier à tous, tels que des projets publics (irrigation, routes, greniers, etc.), le commerce, des traitées de non-agression, des droits de passage, etc. Contrairement aux pensées académiques autocratiques, la gouvernance organisationnelle des Égyptiens anciens n'était pas organisée du haut (pharaon) vers le bas (communautés locales). Elle était formée du bas vers le haut – des communautés locales matrilocales vers les districts vers les régions vers le niveau "national" – chaque niveau sous une gouvernance choisie. Chaque niveau organisationnel avait la même forme, seulement reflété à une échelle plus petite ou plus grande, c'est-à-dire avec un conseil représentatif et des inspecteurs administratifs.

Le système politique de l'Égypte ancienne est consistant avec nos slogans modernes de "gouvernement limité", "gouvernement par nécessité", "le gouvernement le meilleur est celui qui gouverne le moins" et "gouvernement du peuple, par le peuple et pour le peuple".

Des alliances changées et restructurées, on parle alors de gouvernance par nécessité – pour des buts et/ou des durées spécifiques, ce qui était commun tout au long de l'histoire de l'Égypte ancienne. Nous ne devrions pas interpréter de tels changements comme du chaos ou des bouleversements mais plutôt comme une vraie application de *vis et laisse vivre*. C'est une vraie démocratie populaire. Un exemple est l'état de l'Égypte durant sa 22e dynastie, qui peut être déduite par la longue inscription du roi Takelot II (860-835 avant notre ère) dans le temple de Karnak. D'après ce texte, il est clair qu'il y avait de nombreux gouvernements régionaux, chacun avec son propre roi ou leader. Il n'y avait pas de signes de guerre ou de conflits, contrairement à la perception des académiciens occidentaux.

Les académiciens occidentaux sont obsédés par un gouvernement de type centralisé et pour eux, le manque d'une telle forme de gouvernance signifie le chaos, les conflits, la guerre civile, etc. Les régions d'Égypte constituaient un gouvernement de type *Commonwealth* dans lequel les gens s'alliaient sur des sujets d'intérêt commun. Les entités politiques provinciales et solidaires (qui étaient appelées *nomes* dans l'ancienne Égypte) étaient représentées chacune par un leader afin de former un conseil d'anciens/chefs. Il existait différentes manières de conduire une telle alliance :

1. Le conseil choisissait un chef local pour qu'il soit reconnu comme responsable d'un groupe d'entités politiques.
2. Le dirigeant élu par le conseil était remplacé régulièrement.
3. Le(s) Commonwealth(s) recherchait et choisissait un chef spirituel genre un pharaon, dont le devoir principal était de supplier les esprits de la terre de renouveler sa fertilité et de faire participer les principaux ancêtres pour favoriser la prospérité de la terre et des gens. (Plus d'informations sur le rôle du pharaon figurent dans un chapitre ultérieur).

Le système égyptien est la vraie forme d'une démocratie populaire qui a été l'inspiration des Dialogues Complets de Platon sur les thématiques des Lois et de la République.

4.4 LE SYSTÈME DOUBLE D'ADMINISTRATION/ CONTRÔLE

À chaque niveau du gouvernement (ou plus exactement de l'administration publique), de la plus petite communauté matrilocale à toute l'Égypte au sens large, il existait un système de double gouvernement. Sous beaucoup d'aspects, ce système persiste de nos jours. Dans le cas de la Grande-Bretagne, il y a un monarque britannique comme chef de l'État, qui est aussi le chef de l'Église d'Angleterre et qui hérite du trône selon un ordre de succession préétabli. Toutefois, le monarque britannique ne gère pas les affaires courantes, cela revient au premier ministre qui préside/supervise le travail des différents ministères/départements. Le premier ministre agit au nom du monarque, bien qu'il soit (et son parti politique) élu par le peuple. Nous trouvons même ce double système de gouvernance dans des pays qui n'ont pas de monarchie, comme l'Allemagne et Israël, à travers un président et un chancelier/premier ministre.

De façon similaire, d'un point de vue conceptuel, à la tête de la société de l'ancienne Égypte se trouvait le pharaon qui représentait le lien cosmique entre le pouvoir naturel (terrestre) et surnaturel (divin). Son rôle n'était pas de gouverner mais d'accomplir des rituels pour maintenir le bien-être de la société. Le pharaon déléguait son autorité au chef/juge/gouverneur suprême pour gérer les affaires quotidiennes ; celui-ci était reconnu comme le *second après le roi* depuis au moins l'époque de l'Ancien Royaume (2575-2150 avant notre ère). Il était le responsable de toute l'administration. Chaque province (*nome*) était gouvernée par le même double système de chefs spirituels et administratifs.

Ce système fut élaboré à partir d'un prototype de gouvernement allégorique et cosmique de l'Égypte antique, entre *Amen-Ra* (roi de l'Univers) et le gouverneur – *Tehuti* (Toth), le *neter* (Dieu) de sagesse – le juge avisé. Dans l'Égypte antique, *Tehuti* (Toth) représente la langue/son/voix divine. *Tehuti* (Toth) est donc le chef de l'exécutif et le porte-parole officiel.

Le gouverneur de l'Égypte antique était aussi connu comme le *juge en chef*. La racine du mot égyptien pour gouverneur (*gadi*) est *gada*, qui signifie *à faire*, c'est-à-dire que le terme *gadi* – au sens le plus large – veut dire *le dirigeant*. Le juge en chef et le gouverneur présidaient par-dessus les responsables (directeurs/juges) des différents départements appelés maisons grandes/publiques telles que l'agriculture, le trésor, etc.

De même, au niveau régional et/ou local, le bureau du gouverneur était en permanence de la plus haute importance, sa charge comprenait la gestion des terres et tous les aspects de l'administration interne du secteur. Lui (et les inspecteurs qui l'appuyaient) organisait la surveillance des terres, l'ouverture des canaux, tous les projets communaux et agricoles, le commerce et tous les autres centres d'intérêt de la communauté/secteur/province/pays. Tout conflit au sujet des propriétés foncières de même que les autres disputes fortuites étaient rapportés au juge exécutif et réglés par son tribunal.

Le "gouverneur" était le directeur général qui mettait en application les règlements et les lois définis par l'organe législatif – le conseil des anciens.

La plus petite communauté matrilocale possédait un chef/roi qui gouvernait avec le conseil des anciens. Celui-ci, qui regroupait les représentants des familles, équivalait à l'organe législatif. Il définissait les règlements et intervenait comme ultime arbitre (juge) si cela était nécessaire. Le chef (et le conseil) choisissait un administrateur (gouverneur, juge) pour gérer les affaires courantes. Il avait des surintendants pour différentes activités communales. Il avait recours à l'arbitrage lorsque les conflits ne pouvaient être résolus à moindre niveau.

4.5 L'ORDRE ADMINISTRATIF

Les Égyptiens anciens étaient très bien organisés, souvent les gens communiquaient par lettre dans leur vie quotidienne. Toute affaire administrative était couchée par écrit. La règle bien connue selon laquelle : "ce qui ne peut être couché par écrit n'existe pas" était en vigueur dans le monde des affaires égyptien. Les Égyptiens consignaient les informations liées à l'économie et au travail sur des papyrus. Ces communications écrites respectaient des modèles de présentation qui ont survécu jusqu'à aujourd'hui.

On peut reconnaître un exemple de l'ordre et de l'organisation de la société de l'Égypte antique à travers un formulaire de demande qui est exposé au musée égyptien du Caire. Il montre la requête d'une femme demandant le paiement de frais de voyage afin qu'elle puisse rendre visite à son mari qui était en mission officielle. Cet exemple montre bien le niveau de grande organisation au travers d'une procédure administrative.

Rien n'était accompli dans l'administration égyptienne sans documents. Nomenclatures et procédures étaient indispensables même quand il s'agissait d'affaires simples. Les peintures des anciennes tombes l'attestent car que ce soit pour peser le maïs ou faire paître le bétail, les scribes étaient toujours là pour le noter.

Dans la façon d'exécuter des actes, des titres de transfert de propriété ou d'autres contrats civils, les Égyptiens étaient très méticuleux. Les contrats de mariage, les testaments, les ventes de propriété, etc., commençaient tous par la date de la transaction, le nom du président de la cour et du clerc qui rédigeaient les contrats. Ensuite venait le corps du contrat. Le document était vérifié par pas moins de 16 témoins.

[Scribes de l'Ancien Royaume (Saqqarah)]

[Le personnage debout donne un compte-rendu d'inventaire à deux scribes.

Au centre se trouve la boîte renfermant le matériel d'écriture.]

[Bât. administratif (vue partielle) du *Nome* égyptien de la gazelle]

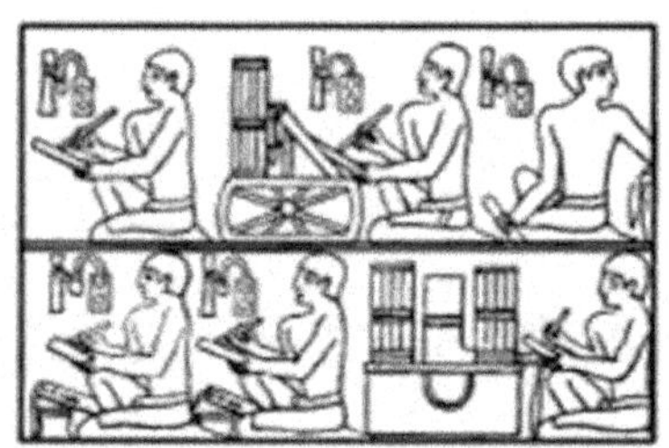

[Activités variées dans un immeuble de bureaux illustrées sur la tombe Ty à Saqqarah]

De nombreux documents arrivés jusqu'à nous montrent comment les dossiers étaient conservés dans les différents services. Ces documents indiquent précisément le montant des sommes reçues, de la part de qui, la date de réception et les détails de l'usage qui en était fait. Ce suivi était réalisé non seulement pour les sommes importantes mais même les plus petites quantités de maïs et de dattes étaient consignées consciencieusement.

Le contrôle et la rédaction des actes étaient passablement la même chose selon les concepts égyptiens ; de plus un "scribe" avait un statut officiel. Les scribes étaient employés à tous les niveaux de l'administration publique et du monde privé des affaires.

Il y avait un groupe de scribes dans chaque service et dans chaque expédition comme dans le rapport de Wenamun sur son voyage en Phénicie et à Chypre pour négocier et payer le bois (et son transport) qui servait à la construction des navires.

Les différents documents étaient minutieusement archivés puis rangés pour leur emploi ultérieur. Sur chaque document était indiqué son emplacement, c'est-à-dire que le scribe précisait : "à copier" ou "à conserver dans les archives du gouverneur". Les documents étaient ensuite remis aux bons soins de l'archiviste principal du service concerné qui les rangeait dans de grandes jarres et les cataloguait avec soin.

PARTIE II : LES CORRÉLATIONS COSMIQUES

Chapitre 5 : Là-haut comme ici-bas

5.1 LA CONSCIENCE COSMIQUE

Les scènes des activités quotidiennes, trouvées à l'intérieur de tombes égyptiennes, montrent une forte corrélation perpétuelle entre la terre et les cieux. Les scènes fournissent des représentations graphiques de toutes sortes d'activités: chasse, pêche, agriculture, tribunaux et toutes sortes d'arts et de métiers. La représentation de ces activités quotidiennes, en présence des neteru (dieux) ou avec leur assistance, démontre leur lien cosmique – une forte corrélation perpétuelle entre la terre et les cieux.

Cette corrélation perpétuelle – conscience cosmique – a été mentionnée dans *Asclépios III* (25) des Textes Hermétiques :

> *...en Égypte toutes les opérations de pouvoir qui gouvernent et fonctionnent dans les Cieux ont été transférés à la terre du dessous... il doit être dit que tout le cosmos demeure [en Égypte] dans son sanctuaire...*

Toute action, de la plus prosaïque à la plus noble, représentait d'une certaine manière un acte de correspondance cosmique : semer, récolter, labourer, brasser, calibrer une chope de bière, construire des navires, mener des guerres, jouer à des jeux... autant d'actions perçues comme des symboles sur terre d'activités divines. En d'autres termes, pour les Égyptiens anciens (et *Baladi*), chaque aspect "physique" de la vie avait une signification symbolique (métaphysique). Mais de la même manière, chaque acte d'expression symbolique avait un une raison "matérielle".

Voici quelques exemples de la signification métaphysique d'activités terrestres concrètes :

1. Sur une tombe égyptienne, la scène typique des semailles et de la récolte établissant un parallèle avec la parabole de la Bible : *"Ce que l'homme sème, il le récoltera"*. Cela était censé être un message spirituel et non une recommandation agronomique.

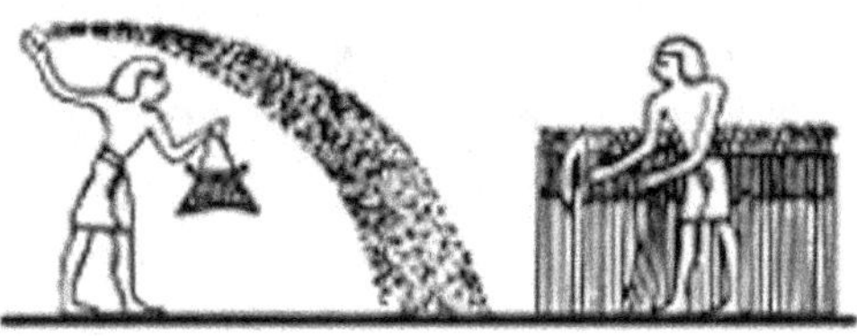

2. Le processus de fabrication du vin comprenant la culture, la récolte, le pressage et la fermentation est une métaphore des processus spirituels, qui peut être comparée au symbolisme biblique du vin.

Les parois des tombes de l'Égypte antique montrent des vignerons pressant les grappes de raisin ; la fabrication du vin est illustrée partout comme une métaphore permanente des processus spirituels, des thèmes liés à la transformation et au pouvoir intérieur.

L'âme ou la part de Dieu en nous, provoque le ferment divin dans le corps de vie. La puissance de fermentation du vin était, à son niveau spirituel le plus profond, un symbole de la présence de Dieu incarné dans la personne consciente spirituellement.

3. Une femme/homme reniflant un lotus est un thème récurrent dans les tombes égyptiennes. Le parfum du lotus est son essence spiritualisée semblable à l'odeur de sainteté des traditions chrétiennes. La représentation du lotus est très courante dans la symbolique égyptienne. Les quatre disciples ("fils") d'Horus sont souvent représentés sortant d'une fleur de lotus. Également, Nefer-Tum, fils de Ptah, le feu créateur, est né d'une fleur de lotus.

4. La scène de capture des oiseaux et les différentes espèces illustrées sur les murs possèdent une signification métaphysique particulière. En général, ces oiseaux sauvages représentent les éléments spirituels "sauvages" qui doivent être capturés, enfermés, parfois domptés ou offerts à *Neteru* (Dieux/Déesses) comme sacrifice. On retrouve une telle similitude, plus recente, d'un point de vue symbolique dans l'opéra maçonnique de Mozart, *La flûte enchantée*, où Papageno est l'esprit libre dont la spécialité est de capturer les oiseaux sauvages.

5. Les scènes de pêche sont légion dans les tombes et les temples égyptiens. Dans les textes égyptiens, Horus prend la forme d'un pêcheur et ses quatre disciples ("fils") pêchent aussi avec lui. Le Christ employa un symbolisme similaire en faisant de ses disciples des pêcheurs d'hommes.

5.2 LES FÊTES DU RENOUVEAU CYCLIQUE

Les textes de l'Égypte antique traitent principalement de la nature cyclique de l'univers et du besoin constant du renouveau de ces cycles, par le biais de fêtes pensées à cet effet. Les Égyptiens considéraient/considèrent ces fêtes comme faisant partie intégrante de l'existence humaine, qui constitue le rythme de la vie communautaire et individuelle. Ce rythme est dicté par l'ordre de la vie cosmique.

Le renouveau et le rajeunissement de la vie du cosmos, de la communauté et de l'individu sont accomplis par des rites. Ces rites avaient/ont le pouvoir de faire rajeunir et renaître la vie divine.

Le fait de ne pas tenir les festivals aux dates et heures appropriées pourrait très bien produire des sentiments individuels ou collectifs de culpabilité. Ainsi, les fêtes égyptiennes exercent le rôle de promulguer les renouveaux cosmologiques (religieux). Non seulement la plupart des Égyptiens s'attendent à une bénédiction suite à leur participation, mais aussi ils craignent qu'un malheur leur arrive s'ils négligent cet acte.

L'objectif des fêtes égyptiennes était (et continue d'être) le rajeunissement et le renouvellement des énergies cosmiques. Durant les nombreuses fêtes religieuses de l'Égypte antique, les participants ont recours à l'archétype de vérité de leur conscience cosmique – Là-haut comme ici-bas et ici-bas comme là-haut. Chaque fête sainte actualise l'archétype du cycle saint. Ces cycles saints font partie du calendrier. Plus précisément, le calendrier servait à indiquer le moment où les puissances cosmologiques (neteru/dieux) se manifestaient, ainsi que leurs cycles de renouveau. Les premiers auteurs gréco-romains affirmèrent tous les corrélations cosmiques de cette ancienne tradition égyptienne, à l'image de Plutarque qui affirma dans ses *Œuvres morales Vol. V* (377,65) :

> **...Aux variations qu'éprouve l'air dans les différentes saisons, à la production des fruits, aux semailles, au labourage, il en est (les Égyptiens) qui veulent associer des concepts théologiques...**

Tous les éléments et les règles régissant les festivals de l'Égypte ancienne sont exactement applicables aux festivals actuels avec des plans organisés et détaillés.

Les Égyptiens *Baladi* continuent de considérer les fêtes et leurs rituels comme le paroxysme de leurs pratiques religieuses, cruciales pour l'ordre et l'harmonie du cosmos et donc par extension pour le bien-être de tous.

Tous les *mouleds* actuels (à l'exception de celui consacré à Mahomet et à sa famille immédiate) représentent la continuation de fêtes instaurées dans l'Égypte antique, camouflés sous des noms musulmans. [Pour des informations plus détaillées voir *Mystiques égyptiens – Chercheurs de la Voie* de Moustafa Gadalla].

Chapitre 6 : Le pharaon, le lien cosmique

6.1 LE MAÎTRE SERVITEUR

Contrairement à l'image déformée du pharaon donnée par Hollywood et la Bible le représentant comme un tyran cruel vivant une vie facile, vaine et fastueuse, le pharaon n'avait pas de pouvoir politique, il vivait dans une maison de terre et passait son temps à accomplir son devoir d'intermédiaire entre le monde naturel et surnaturel, en effectuant des rites et des sacrifices. On n'attendait pas d'un pharaon qu'il soit le chef d'une armée victorieuse, mais on espérait de lui qu'il garantisse de riches récoltes. Il était assimilé aux cultures et était salué par : *Notre Culture et notre Récolte.*

En premier lieu, la fonction principale du pharaon était fondamentalement religieuse. Il était un représentant du peuple face aux pouvoirs de l'univers/neteru/énergies. Il devait être élevé à leur niveau. Il était le canal, l'intermédiaire. Il était la source de prospérité et de bien-être de l'État pour son peuple. Il était son serviteur, pas son tyran. Il déposait les graines au début de la saison puis récoltait les "fruits" au moment de la récolte. Il passait son temps à servir les intérêts de son peuple en accomplissant les rituels nécessaires, en allant d'un temple à l'autre à travers le pays.

De par son activité intense avec les pouvoirs du surnaturel, on croyait que le corps du pharaon était empreint d'une vitalité divine qui se transmettait à tout ce qu'il touchait.

Son autorité de chef ou de roi et sa légitimité à gouverner son peuple provenaient du fait que celui-ci l'acceptait en tant que descendant de leur ancêtre fondateur. Il était, en essence, le lien cosmique entre le présent et le passé.

Le droit de gouverner était considéré comme une suite régulière de légitimités qui se basait sur les principes matriarcaux, où la lignée royale en Égypte se transmettait par la fille aînée. Quelle que soit la personne qu'elle épousait, celle-ci devenait le pharaon. S'il n'engendrait pas de fille, une nouvelle "dynastie" était formée. Il n'y avait pas de "sang royal" dans l'ancienne Égypte (comme expliqué auparavant dans le chapitre 4).

6.2 LE GOUVERNEMENT DU PEUPLE

Le comportement du pharaon et son mode de vie étaient dictés par des règles prédéfinies, car sa principale fonction était d'assurer la prospérité et le bien-être de ses sujets. Les lois résidaient dans les livres sacrés et régissaient l'ordre et la nature de ses occupations. Diodore signala que le pharaon menait habituellement une vie austère. Pas même le plus intime de ses courtisans pouvait le voir manger ou boire. Quand le roi mangeait, il le faisait en privé. La nourriture lui était offerte selon le même rituel que les prêtres employaient pour offrir un sacrifice à des *neteru* (dieux, déesses). Il lui était interdit de commettre des excès, même le type d'aliments et leur qualité étaient définis avec précision.

Même si le roi avait les moyens de défier les règles prescrites, la voix du peuple pouvait le punir à sa mort, en lui infligeant la disgrâce d'exclure son corps de sa tombe lors de l'enterrement. Alors que le corps du roi défunt était placé en l'état près de l'entrée de sa tombe, on demandait au peuple rassemblé si quelqu'un s'opposait à la mise au tombeau du roi parce qu'il n'avait pas accompli ses devoirs. Si le public exprimait son désaccord par des murmures appuyés, il était privé de l'honneur de recevoir les funérailles publiques d'usage et d'être enterré dans sa tombe.

Bien qu'il fût exclu d'un enterrement dans la nécropole, le corps du pharaon qui avait failli à ses devoirs avait le droit d'être enterré quelque part. Un bon exemple est la fosse commune qui a été découverte en 1876 à proximité du temple commémoratif Hatshepsout (connu à tort sous le nom de "morgue" et qui est située sur la rive ouest du Nil à Louxor (Thèbes)). Elle contenait les momies de 40 pharaons, reines et nobles dont les agissements n'avaient pas satisfait le peuple ordinaire. On trouvait les momies de pharaons bien connus et aux noms influents tels que : Amenhotep Ier, Touthmôsis II et III, Séthi Ier, Ramsès Ier et III.

Dans un livre d'enseignements, un roi égyptien conseilla à son fils d'atteindre les plus grandes vertus, car à sa mort, sa vie aurait défilé sous ses yeux et sa performance sur terre aurait fait l'objet de l'évaluation des juges. Aussi loin que remonte la 6e dynastie [2323 avant notre ère], on retrouve l'idée que le ciel était réservé à ceux qui avaient accompli, tout au long de leur vie sur terre, leur devoir envers les hommes et les puissances divines. Personne, même les rois, n'échappait à la règle. Ainsi, nous pouvons lire dans le *Texte d'Ounas* le passage suivant :

> **Il n'y a pas d'incrimination envers Ounas sur terre, chez les hommes. Il n'y a pas d'accusation envers lui au ciel chez les neteru** (*dieux, déesses*).

Le texte nous apprend que le pharaon Ounas (2323 avant notre ère) fut admis au paradis pour son grand mérite, à la fois envers ses compagnons humains et Dieu.

6.3 LE ROI VICTORIEUX

Il est largement reconnu que les Égyptiens (anciens et présents) sont un peuple non guerrier. C'est pourquoi l'Égypte n'était pas intéressée par la construction d'un empire et encore moins par une occupation militaire. L'Égypte était simplement intéressée à neutraliser les éléments hostiles qui menaçaient sa propre sécurité. L'Égypte s'appuyait presque exclusivement sur des mercenaires étrangers pour mener à bien une telle tâche. Les pharaons du Nouveau Royaume utilisaient la diplomatie et le mariage à des princesses étrangères pour éviter tout conflit, la force étant seulement utilisée quand toutes les autres options étaient épuisées.

La guerre, telle que pratiquée par les Égyptiens anciens, suivait des règles aussi strictes qu'un jeu d'échecs et avait des rituels spécifiques. C'était un vrai peuple civilisé. Une guerre avait une signification religieuse profonde. Elle symbolisait les forces de l'ordre contrôlant le chaos et la lumière triomphant sur les ténèbres.

Dans les temples, tombes et textes d'Égypte ancienne, les vices humains étaient représentés comme des étrangers (le corps malade est malade car il est envahi par des germes étrangers). Les étrangers étaient représentés en situation de faiblesse – les bras attachés derrière le dos – pour illustrer le contrôle intérieur de soi. L'exemple le plus vivide de contrôle de soi est la représentation commune du pharaon (L'Homme Parfait) sur les murs extérieurs des temples de l'Égypte ancienne, contrôlant des ennemis étrangers – les ennemis (impurs) de l'intérieur.

La même scène de "guerre" était reprise dans différents temples dans tout le pays, ce qui dénote son symbolisme et non sa représentation d'événements historiques. Les scènes dites de "guerre" symbolisaient la lutte sans fin entre le Bien et le Mal. Très souvent, il n'y a pas de fait historique tangible à de telles scènes de guerre même si une date précise est donnée. Tel est le cas des scènes de combat sur le pylône du temple de Médinet Habou sur la rive ouest du Nil à Louxor [Thèbes].

Les académiciens occidentaux sont incapables de comprendre des réalités métaphysiques et c'est pourquoi ils "expliquent" des concepts métaphysiques par des événements historiques. La fameuse "bataille de Qadesh" est en réalité le drame personnel

d'un individu "homme divin" (le roi en chacun d'entre nous)
qui soumet ses forces internes du chaos et des ténèbres. Qadesh
signifie saint/sacré. C'est pourquoi la bataille de Qadesh signifie
le conflit intérieur : une guerre sacrée qui a lieu en chaque individu.

Chapitre 7 : Les temples égyptiens

7.1 LA FONCTION/OBJECTIF DU TEMPLE

C'est une tendance commune d'ignorer les fonctions religieuses des temples d'Égypte ancienne. Au lieu de cela, ils sont vus par beaucoup comme seulement une galerie d'art et/ou une interface de formes sur fond de représentation historique vague.

En réalité, les temples égyptiens sont le lien, le moyen proportionnel, entre le macrocosme (monde) et le microcosme (homme). Ils étaient une scène sur laquelle les rencontres entre les neteru (dieux/déesses) et le roi, un représentant du peuple, avaient lieu. Nous devons essayer de le voir comme la relation entre la forme et la fonction.

Le temple égyptien était une machine pour générer et maintenir l'énergie divine pour le bénéfice du tout. C'était un endroit dans lequel l'énergie cosmique des neteru (dieux/déesses) demeurait et d'où ils irradiaient leurs énergies sur les terres et les gens.

Comme décrit dans différents textes de l'Égypte antique, le temple ou pylône est :

> *...tels les piliers du paradis, (un temple) comme les cieux, éternels sur leurs quatre piliers... rayonnant comme l'horizon du paradis... un lieu de résidence pour le seigneur neteru...*

Le pouvoir harmonieux des plans des temples, les images gravées sur les murs et les formes de culte – tout conduisait au même but

; un but spirituel car il impliquait de mettre en mouvement des forces surhumaines et pratiques, car le résultat final attendu est le maintien de la prospérité du pays.

Donc le temple égyptien n'était pas un lieu de culte public – selon notre compréhension "moderne". Ces lieux profondément divins n'étaient accessibles qu'aux prêtres qui pouvaient pénétrer dans les sanctuaires situés à l'intérieur, où étaient réalisés les rites sacrés et les cérémonies. Dans quelques cas, seul le roi en personne ou un suppléant avait la permission d'y entrer.

Le grand public participait aux nombreuses fêtes et aux célébrations qui avaient lieu à l'extérieur des temples pour honorer les différentes divinités. La participation du public était un devoir que chacun devait accomplir; elle constituait un aspect essentiel de la "pratique religieuse", afin de maintenir l'harmonie de l'univers. [Pour plus d'infos, voir le livre en français intitulé *Mystiques égyptiens – Chercheurs de la Voie* de Moustafa Gadalla]

En général, le temple égyptien était entouré d'un imposant mur en briques de terre. Ce mur isolait le temple des alentours qui, symboliquement, représentaient les forces du chaos. Métaphoriquement, la terre/boue provenait de l'union du Ciel et de la Terre. Par conséquent, le mur de briques suivait habituellement une trajectoire ondulée pour symboliser les eaux originelles qui représentaient le début de la création.

Les murs extérieurs du temple le faisaient ressembler à une forteresse, afin de le défendre contre toute forme diabolique. On entrait dans le temple en traversant deux pylônes puis on débouchait sur une cour à l'air libre. Parfois, cette cour était entourée de colonnades et possédait un autel au milieu. Plus loin, dans l'axe du temple apparaissait la salle hypostyle, un hall arborant des piliers et souvent entouré de petites salles qui servaient à entreposer les équipements du temple et à d'autres fonctions secondaires. Enfin, on trouvait le sanctuaire qui était une salle sombre contenant l'autel sur lequel était placée la représentation du *neter*. Les portes du sanctuaire étaient fermées et scellées toute l'année ; on ne les ouvrait que pour les grandes fêtes. Le sanctuaire s'appelait le Grand Siège. En dehors des murs du temple, on trouvait les résidences du personnel, les ateliers, des entrepôts et d'autres structures annexes.

7.2 LES RÈGLES DE CONSTRUCTION

Tous les arts et l'architecture en Égypte, y compris les représentations d'humains, suivaient un canon de proportions précis. Celui-ci était aussi appliqué aux sculptures, aux frises et aux peintures; elles étaient minutieusement conçues selon les lois d'harmonie, de géométrie et de proportions. Platon confirma l'ancienneté du canon de proportions de l'ancienne Égypte, ainsi que le caractère immuable des travaux exécutés par les Égyptiens de cette période pendant les 10 000 ans qui ont précédé son époque (428-347 avant notre ère).

> *Que les dessins et les statues réalisés voici dix mille ans ne sont pas spécialement meilleurs ou pires que ceux qu'ils font maintenant.*

Les temples égyptiens n'ont pas été construits rapidement ou par un seul roi. Ces temples ont été construits sur des siècles, par des rois successifs. Un bon exemple est le grand complexe des grands Temples de Karnak, qui ont été construits sur une période de plus de 1 500 ans. Les Temples de Karnak ont pour caractéristiques six pylônes et sont une réalisation imposante et harmonieuse qui produit un plan harmonieux de bâtiments couvrant un périmètre d'environ 2 300 m. Il est évident que le plan d'ensemble préexistait et qu'il était connu de ceux qui y ont fait des additions sur une période de plus de 1 500 ans.

Les caractéristiques fondamentales des plans d'architecture de l'Égypte antique étaient dessinées sur des papyrus. Seuls quelques exemples sont parvenus jusqu'à nous. Il existe un certain nombre de dessins d'architecture exécutés sur des fragments de pierre calcaire.

Les Égyptiens anciens exprimaient leur savoir en des proportions harmonieuses, bien avant la période prédynastique (il y a plus de 5 000 ans). Ils continuèrent ainsi tout au long de leur histoire.

7.3 LES CRITÈRES DE DESSIN HARMONIEUX

La conception harmonique de l'architecture de l'Égypte antique était obtenue au travers de l'unification de deux systèmes :

1. Arithmétique (nombres significatifs le long d'un axe centrale)
2. Graphique (rectangles, carrés et quelques triangles). L'union de ces deux systèmes reflète la relation entre les différentes parties d'un tout, ce qui est l'essence même de la conception harmonieuse.

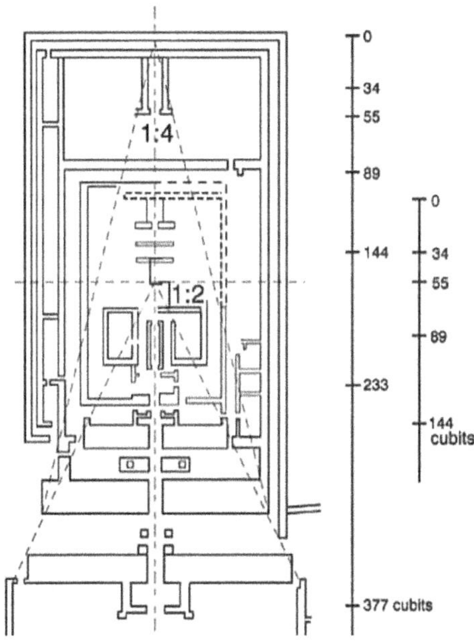

[Pour plus d'informations sur le design et la géométrie sacrée, voir le livre en français intitulé *L'architecture métaphysique des anciens Égyptiens* par Moustafa Gadalla].

[Pour plus d'informations sur les fêtes, voir le livre en français intitulé *Mystiques égyptiens – Chercheurs de la Voie* de Moustafa Gadalla].

[Pour plus d'informations sur les rituels du temple, voir le livre en français intitulé *L'architecture métaphysique des anciens Égyptiens* de Moustafa Gadalla].

[Pour plus d'informations sur les plans et les détails de divers temples, voir le livre en français intitulé *L'architecture métaphysique des anciens Égyptiens* de Moustafa Gadalla].

PARTIE III : LES ÉGYPTIENS ÉRUDITS

Chapitre 8 : Le langage divin

8.1 LE LANGAGE DE LA MÈRE DIVINE

Plus on étudie les différentes langues (et dialectes) du monde, plus il devient clair qu'il existait à l'origine un langage qui se divisa en des langues variées. La Bible et les auteurs de l'Antiquité confirment l'existence d'un tel langage. À cause d'un orgueil mal placé et des préjugés des milieux universitaires occidentaux, ainsi que des fanatismes religieux (judaïsme, christianisme et islam), l'origine de cette langue-mère a été ignorée. Les preuves confirment que l'Égypte antique est l'unique source de ce langage universel. Sur ce sujet, Platon admet le rôle de l'Égypte dans ses dialogues [*Phylèbe* 18-b, c, d] :

SOCRATE: On remarqua d'abord que la voix était infinie, soit que cette découverte vienne d'un dieu, ou de quelque homme divin, comme on le raconte <u>en Égypte d'un certain Theuth</u>,qui le premier aperçut dans cet infini les voyelles, comme étant, non pas une, mais plusieurs ; et puis d'autres lettres qui, sans être des voyelles, ont pourtant un certain son ; et il reconnut qu'elles avaient pareillement un nombre déterminé ; ensuite il distingua une troisième espèce de lettres, que nous appelons aujourd'hui muettes : après ces observations, il sépara une à une les lettres muettes et privées de son ; ensuite il en fit autant par rapport aux voyelles et par rapport aux moyennes ; jusqu'à ce qu'en ayant saisi le nombre, il leur donna à toutes et à chacune le nom d'élément. De plus, voyant qu'aucun de nous ne pourrait apprendre aucune de ces lettres toute seule, et sans les *apprendre toutes, il en imagina le lien, comme une unité ; et se représentant tout cela comme ne faisant qu'un tout, il donna à ce tout le nom de grammaire, comme n'étant aussi qu'un seul art.*

La référence faite à *Theut* ci-dessus parle du même *Theut* mentionné dans le *Phèdre* où il est dit explicitement qu'il s'agissait d'un *neter* (dieu) de l'ancienne Égypte : ***et celui-là même auquel est consacré l'oiseau que l'on nomme Ibis***, ce qui exclut tout doute possible au sujet de son identité. Il est clair que ce récit est basé sur une véritable tradition égyptienne, car le Tehuti (Thot) à tête d'ibis est un neter égyptien (dieu).

[Le Tehuti à tête d'ibis (Theut)]

Platon, dans *Philèbe* [18-b, c, d], nous dit (avec son style abscons) :

1. L'Égyptien *Theuth* [*Thot, Tehuti*] fut le premier à observer "l'infinité du son" qui était divisé en trois catégories distinctes : vibrations cohérentes (*pitch*), vibrations incohérentes (bruit) et silence (absence de son).
2. *Theuth* [*Thot, Tehuti*] isola chaque élément de son dans chacune de ces catégories "jusqu'à ce qu'il sut leur nombre".
3. *Theuth* [*Thot, Tehuti*] est celui qui a découvert le concept de lettres. Chaque lettre est une image de son propre son (musique visuelle) indicatrice de l'unité entre le discours et le texte, c'est-à-dire entre le son et la forme.

4. Chaque "lettre" est une unité originelle issue de ses caractéristiques vibratoires uniques.

8.2 LA FORME ALPHABÉTIQUE DE L'ÉCRITURE

Il est évident que Platon (dans *Philèbe* [18-b, c, d]) ne faisait pas référence aux formes d'expression graphiques (hiéroglyphes), mais plutôt à l'expression des différentes lettres individuelles, chacune avec sa valeur sonore particulière. D'autres auteurs classiques ont également déclaré que l'Égypte était la source originelle des alphabets. La citation suivante, tirée du livre d'Isaac Taylor : *The History of the Alphabets, Vol. I* [page 83], distingue les faits de la fiction :

> *L'ancien monde, qui attribue à la Phénicie la gloire d'avoir inventé les lettres, déclara aussi mais de façon plus circonspecte, que la connaissance de l'art de l'écriture des Phéniciens provenait à l'origine de l'Égypte et qu'ils la diffusèrent par la suite en Grèce. Eusèbe conserva un passage des écrits épurés du soi-disant historien tyrien Sanchoniathon, duquel nous déduisons que les Phéniciens ne prétendirent pas être les inventeurs de l'art de l'écriture, mais qu'ils l'obtinrent de l'Égypte. Platon, Diodore, Sicules, Plutarque, Aulus, Gellius et Tacite confirment tous cette affirmation. Par conséquent, cela démontre que l'opinion selon laquelle la véritable origine des lettres doit être recherchée en Égypte, était extrêmement répandue dans l'Ancien Monde. Il suffit de citer les paroles de Tacite qui dit : «Primi per figures animalium Aegyptii sensus mentis effingebant ; (ea antiquissima monimenta memoriae humanae inpressa saxis cernuntur) et litterarum semet inventores perhibent. Inde Phoenicas, quia mari praepollebant, intulisse Graeciae, glorimque adeptos, tanquam reperirint quae acceperant.»** Tacite, *Annales*, XI. 14.

La plupart des spécialistes occidentaux affirment explicitement et implicitement que l'alphabet de l'Égypte antique (et sa langue) est le plus ancien du monde. Dans son livre, *The Literature of the Ancient Egyptians* [page xxxiv-v], l'égyptologue allemand Adolf Erman le reconnaît.

> ***Seuls les Égyptiens étaient voués à adopter une méthode remarquable, faisant suite à la plus haute forme d'écriture qu'ils avaient atteinte, l'alphabet...***

L'égyptologue britannique, W. M. Flinders Petrie, dans son livre, *The Formation of the Alphabets* [page 3], concluait :

> ***Depuis le début des temps préhistoriques, un système cursif fait de signes linéaires d'une grande diversité et de nuances était certainement en usage en Égypte.***

Petrie a rassemblé et compilé des lettres-formes alphabétiques de très nombreuses périodes différentes. Les plus anciennes appartiennent à l'époque préhistorique de l'Égypte, probablement 7 000 ans avant notre ère, et perdurent jusqu'aux époques grecque et romaine. Il a aussi réuni (à partir de plusieurs spécialistes indépendants) des lettres-formes alphabétiques d'aspect similaire de 25 lieux différents en Asie mineure, Grèce, Italie, Espagne et d'autres endroits à travers l'Europe : elles sont toutes beaucoup plus récentes que celles de l'ancienne Égypte.

La compilation de ces signes alphabétiques par Petrie indique que :

1. Toutes les lettres-formes alphabétiques existaient dans l'Égypte antique depuis le début des périodes prédynastiques (il y a plus de 7 000 ans), avant tout autre endroit dans le monde.
2. Toutes les lettres-formes alphabétiques sont clairement visibles dans la soi-disant "écriture hiératique" égyptienne, la plus ancienne qui ait été récupérée et qui date de plus de 5 000 ans.
3. Les mêmes lettres-formes de l'Égypte antique furent

adoptées plus tard et divulguées à travers le monde par
d'autres personnes.

8.3 LES MODES D'ÉCRITURE ILLUSTRÉ ET ALPHABÉTIQUE

On remarquera que ni Platon (dans *Philèbe* [18-b, c, d]), ni aucun
auteur classique, Clément d'Alexandrie compris (dans *Stromates
Livre V* [chapitre IV]), n'ont indiqué que le mode d'écriture alphabétique égyptien était une forme *cursive* ou *dégénérée* des hiéroglyphes de l'ancienne Égypte. Certains "spécialistes" firent valoir,
sans vergogne, l'écriture de Clément d'Alexandrie pour insister
sur le fait que des hiéroglyphes est née une écriture plus cursive
connue comme hiératique, puis que de celle-ci surgit de nouveau
un mode d'écriture très rapide qui est parfois appelé enchorial ou
démotique.

Toutefois, de nombreux spécialistes rationnels reconnaissent que
les écritures illustrées sont une série d'images qui véhiculent des
idées conceptuelles et non des sons individuels, comme l'indique
l'égyptologue britannique W. M. Flinders Petrie, dans son livre,
The Formation of the Alphabets [p. 6] :

> ***La question est de savoir si les signes (alphabétiques) déri-
> vèrent des hiéroglyphes dont la forme est plus illustrée ou s'il
> s'agit d'un système indépendant qui fut si peu étudié par les
> écrivains en la matière, que la question fut réglée plus d'une
> fois sans tenir compte de tous les aspects en jeu.***

Il existait plusieurs styles d'écriture (formel, cursif, semi-formel,
semi-cursif) dans l'Égypte antique. Certains étaient extrêmement
stylisés/ornés/ornementés, d'autres étaient simples et clairs. La
direction de l'écriture variait d'horizontale (de la droite vers la
gauche) à verticale (du bas vers le haut) ou vice-versa. Dans certains cas, ils utilisaient une combinaison entre l'horizontale et
la verticale pour le même mot et/ou pour une même phrase.
Le sujet de chaque document déterminait le style d'écriture

employé. Ces manières d'écrire produisaient différentes formes de lettres à des moments variés. Pour un regard étranger ou non habitué, des styles différents peuvent paraître comme des alphabets distincts, mais des gens de la même culture lisent ces différentes écritures comme une seule langue.

En prenant pour acquis certaines affirmations (qui sont contraires aux faits), il a été dit que la forme d'écriture "copte" fut ainsi élaborée et qu'elle comprenait les lettres de l'alphabet grec ainsi que six caractères supplémentaires (dérivés de l'écriture démotique de l'ancienne Égypte) qui permettaient de prononcer des sons spécifiques de la langue d'Égypte. La soi-disant écriture *copte/grecque* est en fait un mode d'écriture cursive de l'ancienne Égypte. C'était l'une des nombreuses formes d'écrit régionales et reconnues à cette époque. Ce furent donc les Grecs qui l'adoptèrent quand ils vinrent en Égypte comme mercenaires ou à des fins d'étude et non l'inverse.

Au XVIIe siècle, le père Athanase Kircher, à travers ses importants travaux d'analyse, reconnut le fait que l'écriture grecque était originaire de l'Égypte antique. Pour cela, il fut durement ridiculisé par ses collègues européens.

8.4 LES SYMBOLES/ÉCRITURE ILLUSTRÉS ET MÉTAPHYSIQUES

Le système illustré des Égyptiens anciens est communément appelé hiéroglyphes ; il est constitué d'un grand nombre de symboles graphiques. Le terme hiéroglyphe signifie écriture sainte (hieros = saint, glyphein = écrit). L'écriture hiéroglyphique fut utilisée dans les temples égyptiens jusqu'à l'an 400 de notre ère. Tous les signes des hiéroglyphes représentent l'environnement naturel des Égyptiens ; par conséquent, leur origine est égyptienne, elle ne fut pas importée ou influencée par d'autres cultures.

Chaque symbole graphique vaut bien un millier de mots. Il représente une fonction ou un principe à tous les niveaux simultanément, de son expression matérielle la plus simple et évidente à la plus abstraite et métaphysique. Ce langage symbolique est une véritable mine d'or de données physiques, physiologiques, psychologiques et spirituelles, telles que celles concernant le symbolisme du chien dont l'analyse a été faite antérieurement dans cet ouvrage.

Le concept symbolique et métaphorique des hiéroglyphes fut unanimement reconnu par tous les auteurs anciens ayant écrit sur ce thème, à savoir Plutarque, Diodore, Clément, etc.

La meilleure description nous vient de Plotin qui écrivit dans son livre *Les Ennéades* [Vol. V-6] :

> *Les sages de l'Égypte me paraissent avoir fait preuve d'une science consommée ou d'un merveilleux instinct, quand, pour nous révéler leur sagesse, ils n'eurent point recours aux lettres qui expriment des mots et des propositions, qui représentent des sons et des énoncés, mais qu'ils figurèrent les objets par des hiéroglyphes et désignèrent symboliquement chacun d'eux par un emblème particulier dans leurs mystères ; ainsi, chaque hiéroglyphe constituait une espèce de science ou de sagesse, et mettait la chose sous les yeux d'une manière synthétique, sans conception discursive ni analyse ; ensuite, cette notion synthétique était reproduite par d'autres signes qui la développaient, l'exprimaient discursivement, dénonçaient les causes pour lesquelles les choses sont ainsi faites, quand leur belle disposition excite l'admiration. Aussi admirera-t-on la sagesse des Égyptiens si l'on considère comment, ne possédant pas les causes des essences, elle a pu disposer cependant les choses de manière à ce qu'elles soient conformes aux causes des essences.*

Durant la 12e dynastie (2000-1780 avant notre ère), environ 700 signes étaient utilisés plus ou moins constamment. Il existe un nombre quasiment illimité de ces symboles naturels.

Étant donné que le déchiffrage des hiéroglyphes métaphysiques de l'ancienne Égypte est au-delà des capacités des spécialistes occidentaux, ils l'ont considéré comme étant une forme d'écriture primitive. Les égyptologues officiels choisirent de façon arbitraire 24 symboles parmi des centaines de hiéroglyphes et considérèrent qu'ils formaient un *alphabet*. Puis, ils attribuèrent diverses fonctions aux centaines d'autres symboles, en les nommant *syllabique, déterminante,* etc. Ils établirent les règles au fur et à mesure et le résultat final fut un chaos. On peut facilement comprendre les difficultés qu'ont les universitaires à comprendre les textes (métaphysiques) hiéroglyphiques de l'Égypte antique.

8.5 LE LANGAGE ÉRUDIT

Les anciens textes égyptiens reflètent le haut niveau d'érudition de la langue et des gens. L'égyptologue allemand Adolf Erman nous dit dans son livre *The Literature of the Ancient Egyptians* [page xxiv] ce qui suit :

> *Aussi loin que nous puissions remonter dans le temps, la langue égyptienne indique qu'elle a été choyée. Elle est riche en métaphores et en figures de style ; il s'agit d'une "langue savante", qui "compose et réfléchit" pour le plus grand bénéfice de la personne qui écrit.*

L'égyptologue britannique Alan Gardiner écrit dans son livre *Egyptian Grammar* [page 4] :

> *Rien de plus marquant dans la langue égyptienne que sa concision ; les expressions et les phrases sont brèves et expriment l'essentiel. Les constructions alambiquées et les phrases longues sont rares, bien qu'on les trouve dans des documents juridiques. Le vocabulaire était très riche. La clarté de l'égyptien est grandement favorisée par un ordre strict des mots...*

La diversité des thèmes observés dans les écrits de l'ancienne Égypte est grande et comprend des :

1. Textes religieux et funéraires
2. Registres professionnels et juridiques
3. Littérature /documents scientifiques (papyrus traitant de mathématiques)
4. Observations astronomiques
5. Travaux médicaux
6. Littérature spirituelle
7. Méditations
8. Lettres
9. Poésie, musiques et hymnes
10. Magie
11. Contes égyptiens
12. Voyages

Du fait que les Égyptiens anciens ne faisaient pas de distinction entre le sacré et le profane, l'interprétation des textes dépend en grande partie de l'approche des académiques impliqués dans ce travail. Les spécialistes occidentaux méconnaissant cet aspect aboutiront (et ont abouti) à des interprétations biaisées et inutiles, alors que ceux qui ont vraiment étudié la question feront du même texte une interprétation complètement différente, révélant le savoir et la sagesse des Égyptiens.

Les Égyptiens utilisaient l'écrit dans tous les aspects de leur vie en fabriquant du matériel d'écriture excellent et en produisant des livres.

Les Égyptiens anciens fabriquaient des livres en collant les feuilles de papyrus entre elles et il existe de magnifiques manuscrits mesurant 20 à 40 m. Ils employaient des stylos-plume et de l'encre indélébile puis écrivaient sur des tablettes en bois. Ces matériels étaient abondants et permettaient aux scribes d'écrire des manuscrits à l'aide de signes, précis, clairs, élégants et arrondis. L'emploi d'un stylo-plume (au lieu d'un outil pointu) permettait de tracer des lettres plus rondes.

[Pour plus d'informations sur les thèmes de ce chapitre, veuillez lire les quatre publications suivantes de Moustafa Gadalla :

– *The Ancient Egyptian Alphabetical Letters of Creation Cycle*
– *The Ancient Egyptian Universal Writing Modes*
– *The Musical Aspects of The Ancient Egyptian Vocalic Language*
– *Le langage métaphysique des hiéroglyphes égyptiens*

Chapitre 9 : Le patrimoine musical égyptien

9.1 LE PATRIMOINE MUSICAL

L'histoire de la musique traditionnelle et archéologique est beaucoup plus abondante que dans n'importe quel autre pays. Les bas-reliefs des temples et des tombes antiques illustrent de nombreux types et formes d'instruments de musique, les techniques employées pour les accorder et les utiliser, les orchestres en train de jouer et bien plus encore.

Ces scènes musicales montraient clairement les mains du joueur de harpe pinçant certaines cordes et les joueurs d'instruments à vent formant certains accords.

La distance entre les frettes d'un luth indique clairement que les intervalles et les gammes correspondants peuvent être mesurés et calculés. La position des mains du harpiste sur les cordes montre les rapports tels que la quarte, la quinte et l'octave, ce qui révèle une connaissance indiscutable des lois gouvernant l'harmonie musicale. Le jeu des instruments était guidé par le mouvement des mains du chef d'orchestre ; cela nous permet d'identifier certains tons, certains intervalles et certaines fonctions des sons.

Les rapports de quarte, de quinte et d'octave étaient les plus courants dans les représentations de l'Égypte antique. Curt Sachs, dans son livre en anglais intitulé *History of Musical Instruments*, observa que sur 17 harpistes illustrés sur des œuvres d'art (avec suffisamment de réalisme et de précision pour que les informations soient fiables), 7 jouent une quarte, 5 une quinte et 5 une octave.

Les harpes les plus fréquemment illustrées avaient 7 cordes et selon les travaux d'étude de Curt Sachs concernant les instruments de musique égyptiens, les joueurs accordaient leur harpe dans la même série de gammes diatoniques.

En plus des nombreuses scènes musicales illustrées dans les temples et les tombes pendant toute l'histoire des dynasties d'Égypte, nous avons aussi accès à des centaines d'instruments de musique de l'Égypte antique qui ont été récupérés des tombes. Ils se trouvent désormais dans les musées et les collections privées du monde entier.

Les scènes musicales dépeintes dans les tombes antiques, ainsi que les instruments découverts de l'Ancien et du Moyen Royaume, montrent des rapports entre les cordes de la harpe, les frettes étroitement ordonnées sur les cols des instruments à vent, ainsi que les mesures entre les trous révèlent/confirment que :

1. plusieurs types de gammes musicales étaient connus/employés.
2. les gammes étroites étaient courantes depuis le début de l'histoire connue d'Égypte (il y a plus de 5 000 ans).
3. les techniques de jeu et de réglage des instruments à corde permettaient de jouer avec ou sans accord.
4. les techniques de jeu des instruments à vent permettaient de jouer finement en créant des effets.
5. les méthodes d'accordement cyclique (haut et bas) et par division étaient usitées.

Les Égyptiens anciens étaient/sont réputés dans le monde entier pour leur maîtrise des techniques de jeu instrumentales. Leur don musical fut confirmé par Athénée de Naucratis (dans ses textes [iv, 25]) que les Égyptiens enseignaient la musique aux Grecs et aux "barbares".

Toutes ces découvertes, s'ajoutant aux écrits historiques sur l'héritage musical égyptien et aux traditions des habitants contemporains du Nil, se conjuguent pour fournir l'exemple le plus authentique de l'histoire de la musique de l'ancienne Égypte.

9.2 LES ORCHESTRES MUSICAUX

Les groupes musicaux étaient variés dans l'Égypte antique. De petits et de grands ensembles se produisaient à des occasions diverses, comme l'illustrent les scènes musicales des bâtiments antiques. Sur les bas-reliefs, on voit clairement que les musiciens de l'époque connaissaient le triple concerto – l'harmonie des instruments, celle des voix et celle des voix avec les instruments. Le jeu des instruments était guidé par le mouvement des mains du chef d'orchestre (*chironomids*). Les positions des mains indiquaient une grande diversité d'interprétations : à l'unisson, en chœur, polyphonique, etc.

L'orchestre/ensemble égyptien était en général constitué des quatre groupes d'instruments :

1. Les instruments à vent avec des accords ouverts comme le trigonon, la lyre, la harpe, etc.

Beaucoup de lyres égyptiennes possédaient une puissance considérable car elles exhibaient 5, 7, 10 et 18 cordes. En général, elles étaient placées entre le coude et le flanc puis on jouait avec la main ou un plectre. Celui-ci était fait d'un coquillage de couleur turquoise, d'os, d'ivoire ou de bois, il était souvent attaché à l'instrument par une cordelette.

Les harpes antiques différaient par leurs formes, tailles et nombres de cordes. Elles sont représentées dans les peintures anciennes avec 4, 6, 7, 8, 9, 10, 11, 12, 14, 17, 20, 21 et 22 cordes.

2. Les instruments à cordes avec des accords pincés que l'on place sur le cou comme la *tamboura*, la guitare, l'oud/luth, le violon, etc.

Les Égyptiens anciens employaient des instruments à cordes de type *tamboura* de multiples façons, ce qui se traduisait par une grande diversité de sons et de formes comme : des instruments avec un col court, tel que le luth ou à long col, telle la guitare.

Les cordes étaient faites de boyaux de chat, de soie ou de crins de cheval ; elles étaient fabriquées de différentes grosseurs. Lorsque toutes les cordes possédaient la même grosseur, on utilisait une cheville d'accord pour chacune d'entre elles. Par contre, lorsque la grosseur des cordes variait de manière proportionnelle afin de produire les différents rapports musicaux entre les cordes, peu de chevilles d'accord étaient nécessaires. Ainsi, une seule cheville d'accord pouvait contrôler plusieurs cordes (de grosseurs variables) qui pouvaient être accordées à l'unisson. Un instrument de type *tamboura* était joué avec un plectre ou un archet.

3. Les instruments à vent comme la flûte traversière, la flûte à bec, la flûte double, la trompette, etc.

Les instruments à vent de l'Égypte antique peuvent être classés généralement en :

> a. Instruments où l'air vibre dans un tube comme la flûte traversière, la flûte à bec, les tuyaux d'un orgue, etc.
> b. Instruments où une anche produit la vibration comme la clarinette, la clarinette basse, les tuyaux à anche de l'orgue, etc.
> c. Instruments où une anche double produit la vibration comme le hautbois et la flûte double.
> d. Instruments où des membranes souples font vibrer une colonne d'air (lèvres du joueur entourant le bec) comme la trompette, le trombone et le tuba.

La plupart des flûtes ont des trous équidistants. Les différentes gammes et notes musicales sont produites par la taille des trous, le souffle, le jeu des doigts, un accessoire particulier aussi bien que par des techniques de jeu variées.

4. Les instruments à percussion comme les tambours, claquoirs, cloches, etc.

Les instruments à percussion peuvent être classés en membranophones ou non-membranophones, c'est-à-dire si une peau ou une membrane est utilisée. La première catégorie comprend les tambours de différentes tailles, formes et fonctions : cylindriques, petits tambourins, à simple peau, etc. La seconde catégorie regroupe la batterie, les claquoirs, le sistre/hochet, les cymbales, les castagnettes, les cloches, le xylophone, etc.

9.3 DANSES ET BALLETS

Le rôle et l'impact significatifs de la danse dans l'Égypte antique étaient clairement connus et appréciés de Platon, dans *Lois VII* [798e-799b]. Voici les phrases où il parle de la danse :

> **L'idée est de bénir toutes nos danses...**
> **...Certains responsables doivent définir quel hymne doit être chanté lors de la fête de chaque divinité et par quelles danses doit-on honorer la cérémonie du jour.**

La danse est faite de mouvements de nature différente (lent à rapide). Les mouvements produisent des vibrations qui, à leur tour, produisent des sons. Nous n'entendons pas toutes les ondes sonores (résultant de ces vibrations), néanmoins nous sommes touchés par elles. Le corps vibrant (dansant) produit des sons, une intermittence cinétique à intervalles réguliers, tout comme les notes musicales provenant d'une corde d'instrument en vibration.

La danse est beaucoup plus qu'une question de sensation et de plaisir. C'est la vie et l'unité avec la nature. Le rythme propre à la danse transporte le danseur vers un monde plus élevé. Son corps devient un moyen qui, en se reliant aux ancêtres, se convertit en support de toutes les forces de la nature. Le danseur, possédé par son ancêtre divinisé, en devient l'esprit qui se joint au cercle de ces forces surnaturelles en charge de la fertilité, de la conquête et de la course des étoiles.

Les temples de l'ancienne Égypte possédaient des danseurs des deux sexes formant une catégorie particulière. Nous les voyons sans cesse, soit dans une chorégraphie paisible composée de pas de danse délicats et les bras écartés formant un losange, ou bien dans les positions les plus osées et les plus acrobatiques.

Les parois des temples et des tombes antiques illustrent une grande diversité de styles de danse, de formes et d'intentions, chacune correspondant à un moment et à un lieu précis.

À chaque style correspondait un niveau d'énergie, d'une danse lente à acrobatique, à des danses frénétiques plus ou moins convulsives, jusqu'aux danses les plus excentriques et épuisantes. À part ces dernières, elles suivaient toutes une chorégraphie.

On pouvait danser seul ou en groupe, les sexes rassemblés ou mélangés. Ils dansaient avec une extrême vigueur, en accompagnant leurs mouvements de sauts rythmés.

Dans la tombe de Kagemni, à Saqqarah, dans la salle aux trois piliers, on voit cinq danseurs accomplissant un ballet acrobatique. Des scènes de ballet sont également visibles sur le mur ouest du temple de Louxor.

Sur ces illustrations murales qui datent d'environ 1800 avant notre ère, les femmes réalisaient des pirouettes avant ou arrière, des roues, des grands-écarts et des sauts périlleux arrière. Parfois, elles effectuaient ces exercices par deux, l'une des danseuses se tenant debout sur le dos de l'autre. Elles accomplissaient alors des pirouettes dans cette position, la tête vers le haut ou vers le bas alternativement. Il s'agissait d'exercices difficiles qui ne pouvaient être maîtrisés que grâce à un entraînement et une pratique intensive.

Beaucoup de leurs figures n'étaient pas différentes de celles de nos ballets modernes et les pirouettes étaient très prisées dans les soirées égyptiennes, voici plus de 4 000 ans.

[Pour plus d'informations sur la théorie et la pratique de la danse et de la musique, ainsi que sur les descriptions détaillées des principaux instruments, des techniques de jeu, des fonctions, etc., voir le livre en anglais intitulé *The Enduring Ancient Egyptian Musical System* de Moustafa Gadalla.]

Chapitre 10 : Médecine et santé

10.1 RÉPUTATIONS INTERNATIONALES

Le sigle Rx que l'on trouve communément dans les ordonnances est originaire de l'ancienne Égypte. Au IIe siècle, Galien utilisait des symboles mystiques pour impressionner ses patients. De même, il emprunta l'œil d'Horus des allégories égyptiennes. L'histoire raconte la manière avec laquelle Horus attaqua son oncle Séthi pour se venger de la mort de son père. Dans la bataille, l'œil d'Horus fut déchiqueté, sur quoi Thot (Tehuti) le reconstitua.

Le symbole de l'œil égyptien a évolué progressivement jusqu'à sa forme familière actuelle qui est utilisée pour les ordonnances. Rx est employé dans tous les pays du monde, sans distinction de langue.

Beaucoup de prescriptions et de remèdes égyptiens ont été transmis à l'Europe grâce aux écrits de Pline, Dioscoride, Galien et d'autres auteurs grecs.

Warren R. Dawson, dans *The Legacy of Egypt*, écrit :

> *Les travaux des écrivains classiques sont... souvent le tremplin par lequel les traditions médicales de l'Antiquité ont atteint l'Europe, en dehors des échanges directs... De l'Égypte nous avons les premiers traités médicaux, les premières observations anatomiques, les premières expériences de chirurgie et de pharmacologie, les premières utilisations d'attelles, de ban-*

*dages, de compresses et d'autres accessoires, le premier vocabu-
laire d'anatomie et de médecine...*

Il est évident que la science médicale égyptienne était recherchée
et appréciée dans les pays étrangers. Hérodote raconta que Cyrus
et Darius furent envoyés en Égypte pour y être soignés. Bien plus
tard, on continuait de les admirer pour leurs talents : Ammien
relate qu'il suffisait qu'un docteur lui dise qu'il s'était formé en
Égypte pour qu'il le recommande. Pline mentionne également
des médecins allant d'Égypte à Rome.

Le soin avec lequel les Égyptiens s'occupaient de leur santé provoquait l'ébahissement des observateurs étrangers, particulièrement des Grecs et des Romains. Pline pensait que le nombre
élevé de docteurs signifiait que la population d'Égypte souffrait
de nombreuses maladies, ce qui semble paradoxal. D'un autre
côté, Hérodote remarqua qu'il n'y avait pas de peuple en
meilleure santé que les Égyptiens.

10.2 LA PROFESSION MÉDICALE

Les médecins

Les noms et les titres de plus d'une centaine de médecins furent
récupérés lors des découvertes archéologiques avec suffisamment de détails pour avoir une idée d'ensemble des pratiques
médicales. Le nom d'Imhotep (3e dynastie) a été associé pour
toujours à la médecine égyptienne ; plus tard, il fut divinisé et
reconnu sous le nom d'Asclépios, le dieu grec de la médecine.

Aussi loin que nous remontions dans l'Ancien Royaume, nous
constatons que la profession médicale était hautement organisée
et que les médecins possédaient une diversité de rangs et de spécialités. Le simple docteur répondait à l'Autorité de surveillance
médicale, le directeur des médecins, le doyen des médecins et
l'inspecteur des médecins. Une distinction était faite entre les
médecins et les chirurgiens.

Chaque médecin était bien formé et n'exerçait que dans sa spécialité. Les docteurs égyptiens étaient hautement spécialisés. Hérodote fait remarquer qu'ils pouvaient pratiquer leur métier uniquement dans leur branche.

Il y avait des médecins des yeux, des spécialistes du système digestif (Gardiens de l'Anus), d'autres qui étaient spécialisés dans les maladies internes et qui connaissaient le secret des liquides corporels, des docteurs du nez et des maladies des voies supérieures, des professionnels de l'abdomen et des dentistes.

La déontologie et la pratique

Certains outils et instruments de chirurgie sont représentés dans les tombes et les temples comme :

- Le tombeau d'Ânkhmahor à Saqqarah qui contient plusieurs bas-reliefs exceptionnels de scènes médicales et chirurgicales. Parmi elles, on peut voir un couteau en silex indiquant son origine très ancienne. Les recherches les plus récentes en chirurgie font valoir l'importance des instruments en silex de l'Antiquité. On s'est rendu compte que pour certaines opérations de neurochirurgie ou des yeux, l'obsidienne possède des qualités supérieures à celles de l'acier le plus élaboré ; une version moderne du vieux couteau en silex revient au goût du jour.

- Sur le mur du couloir externe du temple de Kôm Ombo, un trousseau d'instruments chirurgicaux a été gravé. On y voit des ciseaux métalliques, des couteaux chirurgicaux, des scies, des sondes, des spatules, de petits crochets et des forceps.

Des opérations chirurgicales étaient accomplies par les Égyptiens anciens même durant la période prédynastique. Des momies ont été trouvées avec des crânes présentant des ablations très nettes, ce qui indique une très haute maîtrise de la neurochirurgie. Un certain nombre de crânes ont été trouvés montrant des opérations de différente nature ; parfois, les ablations sévères exhibent des soudures osseuses indiquant que les patients avaient survécu aux opérations.

Bien qu'aucune trace de chirurgie n'ait été signalée sur des momies (à part les incisions des embaumeurs), il existe treize signalements de "sutures" sur le papyrus Smith. Il mentionne également des blessures ayant été refermées à l'aide d'une bande adhésive faite de lin. Celui-ci était aussi employé pour les bandages, les ligatures et les sutures. Les aiguilles étaient probablement en cuivre.

Les médecins égyptiens faisaient une distinction entre les blessures stériles (propres) et celles infectées (purulentes). Dans la description des premières, on employait les termes de "sang" ou "flegme" et pour les autres ceux de "écoulement malodorant" ou "fèces". Un mélange de graisse de bouquetin, d'huile de sapin et de pois écrasés était employé pour faire un onguent permettant de nettoyer une plaie infectée. Chaque temple possédait un laboratoire complet où l'on fabriquait et entreposait les médicaments.

Quand les premiers papyrus médicaux furent déchiffrés par des spécialistes allemands, ils furent choqués. Ils nommèrent la médecine égyptienne "pharmacologie-déchets" car les Égyptiens traitaient les diverses inflammations, infections et blessures en y appliquant de la bouse et des substances similaires.

La découverte ultérieure de la pénicilline et des antibiotiques nous fait comprendre que les Égyptiens anciens employaient des versions rudimentaires et naturelles de ces remèdes. Ce que les Allemands appelèrent "pharmacologie-déchets" a été reconnu récemment comme la "médecine moderne". D'autre part, les Égyptiens connaissaient différents types d'antibiotiques. Leurs prescriptions exigeaient l'usage de types d'antibiotiques spécifiques pour traiter des maladies particulières.

Les universitaires, qui ont étudié les techniques antiques

d'incrustation d'yeux dans des statues, ont conclu que les Égyptiens avaient dû comprendre, non seulement l'anatomie de l'œil, mais aussi ses propriétés de réfraction. Ils ont imité celles-ci en employant des associations de pierres et de cristaux (jusqu'à quatre genres différents pour un même œil). Quand on prend des photographies de ces statues, en fait les yeux paraissent réels.

10.3 LA BIBLIOTHÈQUE MÉDICALE

Selon Clément d'Alexandrie, qui vivait dans cette ville aux environs de l'an 200, les prêtres des premières dynasties avaient transcrit l'ensemble de leurs connaissances dans 42 livres sacrés qui étaient conservés dans les temples et exhibés lors de processions religieuses. Six de ces livres traitaient uniquement de médecine et décrivaient l'anatomie, les maladies en général, la chirurgie, les remèdes, les affections des yeux et les pathologies féminines.

Plusieurs papyrus médicaux ont résisté au temps. Ils contiennent des prescriptions pour soigner les maladies des poumons, du foie, de l'estomac et de la vessie, ainsi que différentes affections de la tête et du cuir chevelu (incluant des ordonnances pour empêcher la chute des cheveux ou leur grisonnement). Ils contiennent aussi des prescriptions contre les douleurs rhumatismales et arthritiques, ainsi que pour les maladies féminines.

Plusieurs autres papyrus égyptiens qui traitent de maux ne concernant pas le corps physique ont été affublés du terme "papyrus magiques" par les universitaires occidentaux. Ce qui suit est un résumé des principaux papyrus médicaux :

Le *papyrus Edwin Smith*

Le *papyrus Edwin Smith* a été daté aux environs de 1600 avant notre ère. La présence de termes de l'Ancien Royaume dans le texte suggère que ce papyrus est une transcription d'un travail antérieur qui daterait d'environ 2 500 ans avant notre ère, au moment où les pyramides furent construites.

Il s'agit du premier livre de chirurgie au monde. Il contient 48 cas de chirurgie de nature traumatique, méthodiquement présentés depuis la tête et descendant généralement le long du corps jusqu'aux membres inférieurs.

Chaque exemple est précédé d'un titre bref contenant le résumé du diagnostic, suivi des détails, d'un diagnostic concis mais clairement formulé et parfois de la thérapie.

Le diagnostic fut établi après avoir réalisé des observations extraordinairement précises. La conclusion présente trois possibilités : un médecin pouvait réussir sans problème, ou il pouvait tenter l'opération avec certaines chances de succès, ou il n'y avait aucune chance de réussite et dans ce cas il ne faisait rien.

Les techniques étaient nombreuses et variées. Les fractures étaient réduites comme il se doit, des attelles étaient disposées et les blessures étaient suturées. On employait une sorte de pansement adhésif qui réparait à merveille les os brisés. Des fractures parfaitement guéries sont visibles sur de nombreuses momies.

Les phrases les plus intéressantes se trouvent au début de ce papyrus :

> *Le comptage de quoi que ce soit avec les doigts [est fait] pour reconnaître la façon dont fonctionne le cœur. Des vaisseaux partent de lui menant à toutes les parties du corps... Quand un prêtre de Sekhmet, un médecin... pose ses doigts sur la tête... sur les deux mains, à l'endroit du cœur... le corps parle... dans chaque vaisseau, dans chaque partie du corps.*

Ce papyrus médical prouve que les Égyptiens comprenaient la relation entre le cœur et la circulation sanguine ; ils croyaient que le cœur était la source de vie à l'intérieur du corps. Ils prenaient le pouls et le mesuraient par comparaison avec leur propre pouls.

Les Égyptiens croyaient aussi que tous les "fluides internes du corps" circulaient par des vaisseaux qui rayonnaient à partir du cœur et qu'ils étaient rassemblés au niveau de l'anus, où ils pouvaient être redistribués à nouveau dans différentes parties du corps. Air, sang, urine, mucus, sperme et fèces circulaient autour du système, généralement en harmonie, mais, occasionnellement, pouvait survenir un dérèglement, qui provoquait alors une maladie.

Le *papyrus Edwin Smith* contient probablement la première description documentée du cerveau humain :

> *Quand vous examinez un homme avec une... blessure à la tête, qui atteint la partie osseuse, son crâne est brisé ; le cerveau présente une plaie ouverte... ces circonvolutions qui se forment lorsque l'on verse du métal liquide. Quelque chose est là... qui frémit (et) palpite sous vos doigts comme le point fragile de la tête d'un enfant qui ne s'est pas encore endurci... Le sang s'écoule de ses deux narines.*

Les avancées de la neurologie actuelle démontrent que les Égyptiens comprenaient, dans le détail, les rouages du système nerveux et les relations entre les zones du cerveau et la façon avec laquelle elles contrôlaient les fonctions du corps.

Le *papyrus médical Ebers*

La date de l'origine du *papyrus médical Ebers* se situe aux alentours de 1555 avant notre ère. On le considère comme un manuel d'enseignement de l'anatomie et de la pharmacologie. Il décrit 8 remèdes et mentionne 500 substances différentes employées dans les traitements médicaux.

Le *papyrus Ebers* décrit les traitements et les prescriptions pour les douleurs à l'estomac, les toux, les rhumes, les morsures, les problèmes et les maladies de la tête, ainsi que les affections du foie, les brûlures et d'autres genres de blessures ; les démangeaisons, les furoncles, les kystes et ce qui s'y apparente, les douleurs aux doigts et orteils ; il parle aussi des baumes pour les plaies et les douleurs aux veines, aux muscles et aux nerfs, pour les maladies de la langue, les douleurs aux dents et aux oreilles, les affections féminines, les préparations de beauté, les remèdes maison contre la vermine ; il décrit deux livres traitant du cœur et des vaisseaux, ainsi que des diagnostics de tumeurs.

Le *papyrus Berlin*

Le *papyrus Berlin* a été daté entre 1350 et 1200 avant notre ère.

Il parle de la naissance et du nouveau-né.

Il contient un test de grossesse qui tient compte de l'urine comme transporteur du facteur de gestation. Cela implique de faire tremper des grains de blé et d'orge dans l'urine de la patiente. Si le blé germe, ce sera un garçon, si c'est l'orge, alors ce sera une fille.

En 1963, Ghalioungui montra que bien que l'urine des femmes qui n'étaient pas enceintes empêchait la croissance de l'orge et du blé modernes, il était impossible de déterminer le sexe d'un fœtus à partir du taux de croissance des deux céréales, probablement car les variétés et les sols étaient différents dans l'Égypte antique. Néanmoins, le fait que les Égyptiens aient découvert que l'urine transportait le facteur de gestation était remarquable. La standardisation de tests d'urine fiables pour la grossesse ne fut obtenue qu'en 1929.

Il est incroyable de voir que cette recette égyptienne trouva le moyen d'arriver en Europe grâce à un livre ingénieux du XVIIe siècle où Peter Boyer écrivait :

> *Faites deux trous dans le sol, placez-y des graines d'orge dans l'un et de blé dans l'autre, arrosez avec l'urine d'une femme enceinte puis recouvrez-les de terre. Si les pousses de blé apparaissent avant celles d'orge, ce sera un garçon, mais si c'est l'orge qui surgit en premier, alors vous devez vous attendre à une fille.*

Il existe aussi un petit livre appelé *The Experienced Midwife* dans lequel apparaît cette recette sous une forme légèrement modifiée.

Le *papyrus Hearst*

Il a été daté aux environs de 1550 avant notre ère et il est le manuel du médecin de terrain. Il contient plus de 250 prescriptions et de formules, ainsi qu'un chapitre consacré aux os et aux morsures, aux affections des doigts, aux tumeurs, aux brûlures, aux maladies des femmes, aux oreilles, aux yeux et aux dents.

10.4 CURES ET PRESCRIPTIONS

Les Égyptiens anciens avaient une connaissance parfaite de l'emploi des herbes et des thérapies naturelles, à tel point qu'ils perfectionnèrent le procédé d'embaumement des corps de leurs morts, un défi que l'homme moderne est toujours incapable de relever.

Les différentes prescriptions dans les *papyrus Ebers* et *Hearst*, ainsi que dans d'autres, sont tout à fait rationnelles et comportent des applications naturelles pour l'atténuation des symptômes. Ces prescriptions sont le résultat du savoir des propriétés physiologiques et des actions des plantes en général, des animaux et des minéraux ainsi que du corps humain.

Le *papyrus Ebers* en soi, contient 876 remèdes et mentionne 500 substances employées dans les traitements médicaux. Il donne des recettes pour fabriquer de nombreux remèdes comme des pansements, des baumes et des onguents comprenant des composés végétaux, minéraux et aussi d'origine animale.

Les ingrédients étaient parfois écrasés et parfois bouillis ou mélangés. Certains étaient filtrés au travers d'un morceau de tissu ou dilués avec de l'eau, de la bière, du vin, de l'huile ou du lait.

Le *papyrus Ebers* nous apprend qu'une seule prescription pouvait contenir jusqu'à 35 substances.

Les prescriptions étaient appliquées sous différentes formes, liquide ou en pilules, en huile de friction froide ou chaude. D'autres étaient inhalées.

Ils pesaient et mesuraient leurs prescriptions avec grand soin.

Les dosages variaient selon l'âge, le poids et le sexe du patient.

Les plantes médicinales étaient bien connues. Celles qui n'étaient pas indigènes étaient importées depuis l'étranger. Le sapin venait de Syrie et d'Asie mineure, sa résine âcre était inégalable comme antiseptique et produit d'embaumement. L'huile de sapin servait de vermifuge et au nettoyage des plaies infectées. De l'Afrique de l'Est fut importé l'aloe, qu'on employait pour "extirper le catarrhe du nez", et la cannelle qui était l'ingrédient essentiel d'un onguent pour traiter l'ulcération des gencives et aussi comme encens.

Le miel était un constituant important de la plupart des remèdes. Il est hautement résistant à la croissance bactérienne. Il possède aussi une action antibiotique due à la présence d'une enzyme bactéricide appelée inhibine. Des études modernes ont démontré l'efficacité du miel contre le staphylocoque, la salmonelle et le candida. On l'emploie également pour le traitement de plaies chirurgicales, de brûlures et d'ulcères, car il a un pouvoir de guérison plus rapide que les traitements conventionnels.

Un autre produit des abeilles appelé propolis (colle d'abeille) est une sorte de résine résistante issue des sucs des plantes que prélèvent les abeilles ; elles l'utilisent pour sceller les fissures de leurs ruches. La propolis possède des propriétés antibiotiques et de conservation. Une petite souris, qui s'était introduite dans une ruche à l'époque de l'ancienne Égypte voici 3 000 ans, fut trouvée dans un parfait état de conservation, recouverte de propolis et sans aucun signe de décomposition.

La bière est également signalée comme ayant été un moyen pour administrer des médicaments. C'était une boisson populaire et salutaire.

Ils connaissaient et utilisaient les bienfaits des levures qu'ils appliquaient fraîches sur les furoncles et les ulcères. On les avalait aussi pour guérir les problèmes digestifs.

Antérieurement, nous avons mentionné l'emploi des antibiotiques dans l'Égypte antique pour soigner les blessures ou les plaies ouvertes.

En résumé, l'Égypte antique était très avancée et appréciée pour ses médicaments auxquels Pline faisait référence dans ses écrits.

Homère, dans *L'Odyssée*, décrit le grand nombre de médecines précieuses que Polydamna, épouse de Thon, donne à Hélène quand elle est en Égypte :

> *terre fertile qui produit beaucoup de baumes, les uns salutaires et les autres mortels. Là tous les médecins sont les plus habiles d'entre les hommes.*

Chapitre 11 : Astronomie

11.1 KEPLER ET L'ASTRONOMIE ÉGYPTIENNE

Il y a quelques décennies, les scientifiques osant suggérer que le développement de l'astronomie avait atteint un stade avancé bien avant l'invention du télescope étaient souvent ridiculisés ou ignorés. L'astronomie 'moderne' est attribuée aux travaux de Johannes Kepler [1571-1630], considéré comme le père de la "découverte" des trois lois cinématiques, sans "l'aide d'un télescope".

Il est impossible de déterminer les lois démontrant des liens entre les planètes, les distances, les variations de la vitesse, les configurations d'orbite, etc. sans effectuer des observations, des mesures, des analyses et des enregistrements réguliers ; pour autant, aucun des académiciens occidentaux ne dit comment Kepler a abouti (comme par enchantement) à ces lois. En réalité, Kepler lui-même s'est vanté, à la fin du *Livre V* de son traité *Harmonices mundi*, d'avoir redécouvert les lois égyptiennes perdues :

> *Ayant perçu les premières lueurs de l'aube il y a dix-huit mois, la lumière du jour il y a trois mois, mais il y a quelques jours seulement le grand soleil de la vision la plus merveilleuse, à présent rien ne me retiendra. Oui je m'abandonne au délire sacré. Avec défi, je lance à tous les mortels cet aveu : <u>j'ai dérobé les vases d'or des Égyptiens</u> pour en faire un tabernacle pour mon Dieu, loin des frontières de l'Égypte.*

Kepler, exultant, ne déclara pas avoir lui-même découvert quoi que ce soit. Au contraire, ses découvertes appartiennent entièrement à l'Égypte antique.

Clément d'Alexandrie (200 de notre ère) relata la connaissance avancée de l'astronomie dans l'ancienne Égypte. Il fit référence à cinq ouvrages datant de l'Égypte antique, liés entre eux au sujet de l'astronomie: le premier contenait une liste des étoiles fixes, un autre abordait le phénomène de la Lune et du Soleil, deux autres traitaient du lever des étoiles et le dernier analysait la cosmographie et la géographie, la course du Soleil, de la Lune et des cinq planètes. Ces références témoignent d'une compréhension complète de l'astronomie, encore inégalée de nos jours.

Les astronomes étudiant l'Égypte ont longtemps affirmé que l'astronomie égyptienne était très évoluée, que les Égyptiens connaissaient la précession des équinoxes, le système héliocentrique et nombre d'autres phénomènes considérés comme des découvertes récentes.

11.2 OBSERVATIONS ET RELEVÉS ASTRONOMIQUES

Les Égyptiens, qui reconnaissaient l'influence des cieux sur la terre, observaient le ciel avec la plus grande attention. Ils étudiaient le sens de l'astronomie, à savoir l'étude des correspondances entre les phénomènes dans les cieux et sur terre.

Le thème principal de tous les textes de l'Égypte antique est la nature cyclique de tout dans l'univers. Les Égyptiens étaient tout à fait conscients de leur dépendance vis-à-vis des cycles de la terre et du ciel. En conséquence, les prêtres dans les temples étaient chargés d'observer les mouvements de ces corps célestes. Ils devaient également noter tout autre phénomène céleste et l'interpréter.

De nombreux monuments érigés tout au long de l'histoire de l'Égypte antique témoignent de leur pleine conscience et de leur connaissance approfondie de la cosmologie et de l'astronomie. L'observation astronomique de manière systématique commença il y a très longtemps. Ils accumulèrent les informations, élaborant des cartes des constellations basées sur leurs observations et leurs enregistrements.

Les textes astronomiques les plus anciens, connus à ce jour, figurent sur le couvercle de sarcophages en bois datant de la 9e dynastie [env. 2150 avant notre ère].

Ces textes sont appelés *calendriers diagonaux* ou *horloges stellaires diagonales* en référence à leurs objectifs et contenus, à savoir l'observation et la documentation de la relation entre le mouvement des étoiles et le temps. Le terme diagonale indique la mesure des angles, c'est-à-dire la distance d'arc du mouvement durant une période donnée.

Ces textes de l'Égypte antique donnent les noms des décans (étoiles s'élevant à des intervalles de dix jours en même temps que le Soleil), au nombre de 36.

Pour les mesures angulaires, les Égyptiens ont divisé le ciel en 36 segments angulaires, chacun affichant un angle central de 10 degrés, pour un total de 360 degrés.

Ces décans sont représentés de manière linéaire depuis le tout début de l'histoire égyptienne connue.

On trouve exactement les mêmes illustrations des décans et la même organisation des milliers d'années plus tard – soit de manière linéaire dans la salle hypostyle du temple de Dendérah [voir les photographies de l'Annexe C], soit de manière circulaire dans le même temple – avec exactement les mêmes triples décans pour chacune des douze constellations du zodiaque.

La présentation des décans de façon linéaire est semblable à celle de nos cartes géographiques actuelles qui montrent la surface sphérique de notre Terre de manière aplatie.

Des cartes d'étoiles plus élaborées furent retrouvées au Nouveau

Royaume (1550-1070 avant notre ère) sur le plafond de la tombe de Sénènmout, architecte de la reine Hatchepsout, et sur celui des tombes de Séthi Ier, Ramsès VI et Ramsès IX.

Dans les tombes de Ramsès IV, VII et IX, des inscriptions, qui font référence au premier et au seizième jour du mois sothiaque égyptien, donnent la position occupée par une étoile à chacune des douze heures de la nuit.

La connaissance des Égyptiens anciens en matière de mesure du temps transparaît dans leur division de la journée et de la nuit en 12 heures respectivement. La longueur des journées n'était pas fixe, mais dépendait des saisons. Les longues journées d'été correspondaient à des heures plus longues de la journée, et vice versa durant les mois d'hiver. Le 21 mars et le 23 septembre, lorsque le Soleil croise l'équateur et que le jour et la nuit sont de la même durée sur toute la planète, sont appelés équinoxes (nuits égales). La longueur variable de l'heure témoigne de leur compréhension de l'équinoxe, ainsi que de leur connaissance de la mesure précise du temps, telle que décrite ci-dessous.

Étant donné que la Terre tourne autour du Soleil sur le plan de son orbite une fois par an, la ligne de référence au Soleil change constamment et la longueur d'un jour solaire ne reflète pas le temps réel d'une rotation de la Terre. C'est pour cela que notre astronomie 'moderne' reconnaît que le temps réel d'une rotation de la Terre, connu sous le nom de *jour sidéral*, est fondé sur une rotation par rapport à l'équinoxe de printemps, lorsque la longueur du jour et de la nuit est exactement identique.

Les Égyptiens anciens connaissaient les secrets du temps, grâce à l'observation et à l'étude du mouvement apparent des étoiles, de la Lune et du Soleil. Du fait que tous les corps célestes sont en mouvement apparent constant par rapport à l'observateur, il est extrêmement important de connaître l'heure précise d'une observation d'un corps céleste, une pratique que les Égyptiens anciens maîtrisaient il y a déjà très longtemps.

Des observations furent faites par les Égyptiens anciens à l'aide d'instruments de visée très simples. Ils n'avaient pas les différents problèmes de distorsion des équipements optiques que les scientifiques actuels connaissent. Il est largement connu que les Égyptiens anciens utilisaient un instrument d'observation appelé *maskhet* ; il était en bois et présentait une encoche à chaque extrémité, la dernière servait de collimateur pour viser les étoiles. Ils employaient aussi le fil à plomb pour mesurer la verticale. Avec de tels instruments de visée et des fils à plomb, ils étaient capables de mesurer avec un grand degré de précision l'altitude d'une étoile au méridien ou son azimut au lever. Le mouvement de chaque corps céleste était mesuré en changement angulaire comme la combinaison d'une déclinaison et d'une ascension droite, ces dernières représentant les coordonnées spécifiques des étoiles sur une carte du ciel.

Ces observations étaient enregistrées et notées sur une grille, en superposant dessous le centre du ciel une figure humaine assise droite, dont le sommet de la tête était placé sous le zénith. La grille comportait généralement 8 segments horizontaux et 12 segments verticaux, qui représentaient les 12 heures nocturnes. Les étoiles qui approchaient le zénith étaient référencées au-dessus d'une partie de ce personnage, et leur position était indiquée dans les listes d'étoiles : *dessus l'oreille gauche, dessus l'oreille droite,* etc.

Les textes astronomiques de l'Égypte antique donnent la position des étoiles durant les 12 heures de la nuit, à des intervalles de 15 jours. Cette information permet de mesurer le déplacement d'un point spécifique dans le ciel. Grâce à ces mesures et enregistrements fréquents et réguliers, les Égyptiens anciens purent relier la vitesse des corps célestes et furent ainsi capables d'enregistrer des irrégularités majeures et mineures dans le mouvement perçu de ces corps célestes.

Dans la tombe de Ramsès IX (1131-1112 avant notre ère), le plafond montre les positions des différentes étoiles sur 12 périodes consécutives de 15 jours. À partir de ces cartes d'étoiles, les anciens Égyptiens déterminaient les positions et les changements de place et/ou de temps des étoiles. Ainsi, les Égyptiens anciens étaient conscients du fait que les étoiles se déplaçaient lentement et que ce mouvement était facilement mesurable à l'instant du passage au méridien. En conséquence, les Égyptiens connaissaient et savaient calculer le taux de précession.

Très tôt en Égypte furent élaborées des cartes du ciel et des tableaux des étoiles, où ces dernières étaient regroupées pour former des constellations à l'image de celles dépeintes sur les plafonds des tombes. Des références astronomiques à la constellation de la jambe du taureau (Grande Ourse), à Sirius, à Orion et à d'autres groupes d'étoiles figurent dans les *Textes des pyramides* de la 5e et de la 6e dynasties.

Les listes des décans ou étoiles (ou groupes d'étoiles) de dix jours, associées aux tableaux d'étoiles horaires, étaient déjà utilisées sur les sarcophages d'Assiout des 11e et 12e dynasties.

Les Égyptiens anciens évoquaient les étoiles définissant le périmètre des différentes constellations de la manière suivante :

> jambe du géant
> serre de l'oie
> tête de l'oie
> derrière de l'oie
> étoile des mille

Liste de certaines des étoiles du 16ème de Babeh (Paophi) – le 27 octobre – du tombeau de Ramsès IX à Louxor (Thèbes) comprenant :

étoile S'ar

bout du doigt de la constellation Sah (Orion)

étoiles de Sah (Orion)

étoile qui suit Sirius

bout du doigt d'étoiles jumelles

étoiles de l'eau

bout du doigt de Sah

tête du lion

queue du lion

**[Liste d'étoiles du 16e de Babeh (Paophi) – le 27 octobre –
tombeau de Ramsès IX à Ta-Apet (Thèbes)]**

>> Plusieurs photographies illustrant le texte de ce sous-chapitre
peuvent être trouvées dans la version digitale publiée en formats
PDF et eBook.

11.3 LE CYCLE DU ZODIAQUE

La carte d'étoiles du pôle Nord dans le ciel de la tombe de Séthi

Ier (1333-1304 avant notre ère) [voir ci-dessus] vient renforcer le sens donné au terme zodiaque en Égypte antique, à savoir un cercle d'animaux.

La principale raison de notre connaissance, sur la terre, du zodiaque provient des interactions complexes entre la Terre, le Soleil et la Lune. Parmi les nombreux volumes de textes antiques reconnus par Clément d'Alexandrie, il existe un volume entier sur les relations du Soleil et de la Lune. Leur importance dans les rythmes cosmiques est attribuée de façon allégorique à Isis et Osiris. Diodore de Sicile est celui qui le décrit le mieux, *Livre I*, 11. 5-6 :

> ***Ils regardèrent ces deux astres comme deux divinités principales et éternelles...***

L'action conjuguée du Soleil et de la Lune sur la Terre est la cause de la précession. Les deux tirent de manière gravitationnelle sur le renflement équatorial de la Terre. La Lune essaie d'attirer le renflement sur le plan de son orbite autour de la Terre, alors que le Soleil le tire vers le plan de l'orbite de la Terre autour de lui. Le résultat est que la Terre ne tourne pas correctement sur son axe, mais plutôt avec une légère oscillation comme une toupie. Le résultat combiné de ces deux tendances est un balancement de l'axe de la Terre centré sur elle-même, un genre d'oscillation. Ce mouvement s'appelle précession.

La Terre tourne de l'ouest à l'est sur ses axes polaires et tourne autour du Soleil dans une orbite elliptique, où le Soleil représente un foyer de l'ellipse. La Terre complète une révolution en une période de 365,2564 jours. L'inclinaison de la Terre (23½ degrés avec la perpendiculaire du plan orbital), associée à sa révolution autour du Soleil, provoque les changements des longueurs du jour et de la nuit et les différentes saisons [voir ci-dessous].

Il y a plusieurs aspects dans ce mouvement oscillant de la Terre.

Ce sont seulement des composés fréquentiels des mêmes effets physiques, le bras de fer entre trois corps.

Si le ciel est considéré comme un arrière-plan constellé, alors du fait de l'oscillation de la Terre sur son axe, chaque année l'équinoxe du printemps surplombe un arrière-plan de constellation en changement progressif. L'effet n'est pas réel, mais *apparent* et implique uniquement les étoiles. Les étoiles ne bougent pas en réalité, mais elles donnent l'impression de bouger à cause du mouvement de précession. Les astronomes appellent ce phénomène la précession des équinoxes.

Le déplacement constant de la position des étoiles joue le rôle d'horloge stellaire pour notre planète. En Égypte antique, la connaissance de la mesure exacte du mouvement de précession et des coordonnées d'une étoile permettait de déterminer son altitude au méridien à chaque instant donné ou son point ascendant à l'est de l'horizon.

La précession des équinoxes, à travers les constellations, donne le nom aux douze ères astrologiques. L'équinoxe met environ 2 160 ans pour compléter sa précession à travers un signe du zodiaque. L'équinoxe de printemps met donc environ 25 920 années pour traverser le circuit complet des constellations des douze signes du zodiaque. Ce cycle complet est appelé la Grande année cosmique.

Chaque signe du zodiaque est divisé en trois segments égaux, représentés par trois figures humaines, en conjonction avec la division du ciel en 36 segments angulaires par les Égyptiens; chaque segment présente un angle de 10 pour un total de 360 degrés.

Comme nous l'avons déjà dit et montré plus haut, ces décans sont représentés de manière linéaire depuis le tout début de l'histoire égyptienne connue.

On trouve exactement les mêmes illustrations et la même organisation des décans des milliers d'années plus tard – soit de manière linéaire dans la salle hypostyle du temple de Dendérah, soit de manière circulaire dans le même temple – avec exactement les mêmes triples décans pour chacune des douze constellations du zodiaque.

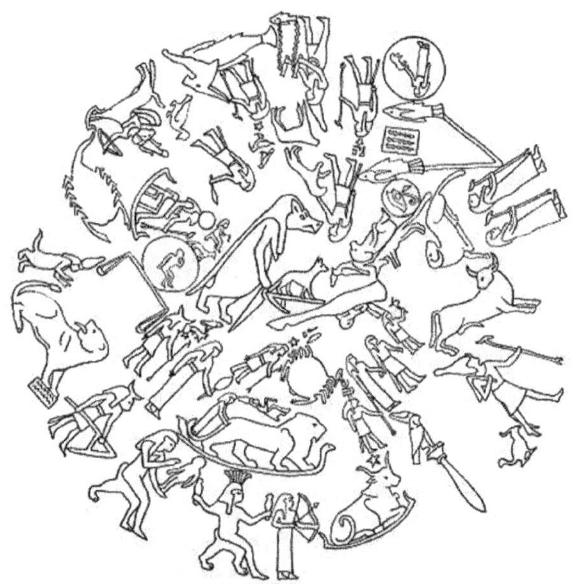

Les signes du zodiaque sont représentés en deux endroits dans le temple de *Het-Heru* (Hathor) à Dendérah. Cela appartient clairement au style de l'Égypte antique avec ses figures, ses symboles, etc. Le même symbolisme des ères, divinités, figures, etc. illustrées du zodiaque est visible dans de nombreux temples et tombes.

Les savants occidentaux ignorèrent les preuves matérielles écrasantes, ainsi que la confirmation des documents de l'ancienne Égypte, que la précession des équinoxes était connue en Égypte depuis des temps immémoriaux. Ils en attribuèrent la découverte au "grec" Hipparque d'Alexandrie [160-125 avant notre ère]. Il s'agit d'une nouvelle tentative pathétique d'attribuer une découverte importante à un Européen. Cependant, Hipparque (qui n'a jamais prétendu en être l'auteur), ne pouvait pas avoir entrepris seul quelque chose qui exige d'effectuer des observations, des mesures et des relevés sur des siècles et même des millénaires.

Tandis que l'Occident attribue la connaissance de l'astronomie aux Grecs, les Grecs eux-mêmes attribuaient la source de leur savoir astronomique aux prêtres égyptiens. Strabon [64 avant notre ère – 25 de notre ère] reconnut environ 2 décennies avant notre ère (soit environ 100 ans après Hipparque) que :

> *Les prêtres égyptiens sont des maîtres dans la Connaissance du ciel. [...] Ils se laissent éventuellement persuader [...] de divulguer certains de leurs préceptes, bien qu'ils en cachent la plus grande partie. Ils ont révélé aux Grecs, les secrets de l'année pleine, que ces derniers ignoraient, comme beaucoup de choses.*

[Des informations plus approfondies sur le cycle du zodiaque, la grande ancienneté de l'Égypte antique ainsi que sur le calendrier égyptien annuel, qui est le plus précis, se trouvent dans le premier chapitre de ce livre.]

Chapitre 12 : Géométrie et mathématiques

12.1 GÉOMÉTRIE SACRÉE ET SCIENCES NATURELLES

Pour les Égyptiens anciens, la géométrie était beaucoup plus qu'une étude de points, de lignes, de surfaces et de solides, ainsi que de leurs propriétés et de leurs mesures. L'harmonie inhérente à la géométrie était considérée comme l'expression la plus convaincante d'un plan divin à l'origine du monde, d'un plan métaphysique qui détermine la matière.

Pour les Égyptiens anciens, la géométrie était le moyen par lequel l'humanité pouvait comprendre les mystères de l'ordre divin. La géométrie est présente partout dans la nature : son ordre détermine la structure de toute chose, des molécules aux galaxies.

La géométrie sacrée traite non seulement des proportions des figures géométriques, mais aussi des relations d'harmonie des parties avec le tout, comme les parties de l'être humain avec chacune d'entre elles, la structure des plantes et des animaux, les formes des cristaux et des objets naturels. Tous sont l'expression d'un continuum universel.

La clef des proportions divines et harmonieuses (géométrie sacrée) est dans la relation entre la croissance progressive et les proportions. Progression et proportion harmonieuses sont l'essence de l'univers créé. Cela est cohérent avec la nature qui nous entoure. Celle-ci respecte cette relation équilibrée. La progression naturelle suit une série connue en Occident comme la "suite de Fibonacci".

Puisque la suite existait avant Fibonacci (né en 1179), elle ne devrait pas porter son nom. Fibonacci lui-même et ses adeptes n'ont même pas prétendu qu'il s'agissait de sa "création". Appelons-la donc comme il se doit : une *suite d'additions*. Il s'agit d'une suite progressive dans laquelle on commence par les deux premiers nombres, dans le système de l'ancienne Égypte ce sont le 2 et le 3. Puis on additionne leur total au nombre précédent et ainsi de suite. Chaque chiffre est la somme des deux précédents. Cette suite sera donc : 2, 3, 5, 8, 13, 21, 34, 55, 89, 144, 233, 377, 610…

Cette suite est reflétée partout dans la nature. Le nombre de graines dans un tournesol, les pétales d'une fleur, la disposition dans les pommes de pin, le schéma de croissance d'une coquille de nautilus, etc. Tous suivent le même modèle de cette suite.

De nombreuses preuves démontrent que les Égyptiens anciens connaissaient cette *suite d'additions*. Les plans des temples et des tombes antiques tout au long de leur histoire indiquent que les éléments principaux des temples étaient positionnés le long des axes longitudinaux selon cette suite : 2, 3, 5, 8, 13, 21, 34, 55, 89, 144, 233, 377, 610…

Si l'on exprime les dimensions des monuments antiques dans l'unité de l'époque : la coudée (0,528 m), il devient évident que la *suite d'additions* est l'invention des Égyptiens anciens. Elle s'accorde parfaitement avec les mathématiques égyptiennes et peut être vue comme son expression, celles-ci ayant été définies par tous comme étant essentiellement une *méthode additionnelle*.

Il y a une preuve évidente de la connaissance de la *suite d'additions* avec la construction du temple-pyramide (faussement connu sous le nom de mortuaire) de Khéphren (Khâfrê) à Gizeh qui date de 2500 avant notre ère, soit 3 700 ans avant Fibonacci.

Les parties essentielles du temple (indiquées ci-dessous) respectent la *suite d'additions* qui atteint le nombre de 233 coudées dans sa longueur totale en mesurant à partir de la pyramide et en utilisant dix nombres consécutifs de la suite.

Si nous regardons l'usage restrictif du terme géométrie de notre époque, tous les aspects de notre géométrie moderne étaient perfectionnés dans l'ancienne Égypte, il y a bien longtemps. Leur savoir supérieur est clairement évident dans quelques papyrus retrouvés que l'on appelle les papyrus "mathématiques" de l'Égypte antique. Plus de détails les concernant seront donnés ultérieurement dans ce chapitre.

12.2 GÉODÉSIE

Dans un pays qui dépend de l'agriculture, la géodésie (la science de la forme et des dimensions de la Terre) fut développée bien avant l'époque de *Mena* (ou Ménès). Les mesures des superficies ainsi que du relief des zones les plus élevées du pays étaient très importantes pour concevoir, construire et utiliser les canaux et les digues, afin de distribuer l'eau aux terres agricoles. Il est donc certain que les Égyptiens anciens firent un nombre considérable de relevés de données géographiques et d'études concernant la surface de la Terre (y compris les surfaces recouvertes d'eau) qu'ils rassemblèrent et utilisèrent à l'aide de mesures effectives.

Le pavillon de *Senwasert* (Sésostris) Ier [1971–1926 avant notre ère], au temple de Karnak a été conçu sur la base de connaissances géodésiques et il fournit également une abondance d'informations dans cette discipline. Il montre (parmi bien d'autres choses) une liste de toutes les provinces d'Égypte avec leurs superficies respectives, démontrant que des relevés concrets avaient été effectués. Les villes principales sont répertoriées, la longueur totale de l'Égypte est indiquée et la hauteur moyenne du Nil est relevée en trois points principaux de son cours. Un grand nombre supplémentaire d'informations utiles sont également fournies.

Peu voire aucun crédit n'a été donné aux Égyptiens anciens

concernant la paternité des descriptions et des mesures détaillées qui se trouvent dans les volumes de l'ouvrage de Strabon intitulé *Géographie*. Le géographe grec obtint ces descriptions précises sur la géographie mondiale (qui nécessitèrent des siècles aux géographes égyptiens à rassembler) en Égypte, où il étudia pendant plusieurs années.

12.3 MATHÉMATIQUES ET NUMÉROLOGIE

Pour les Égyptiens anciens, les deux premiers nombres de l'univers sont le 2 et le 3. Tous les phénomènes, sans exception, possèdent une nature polaire et un principe ternaire. Ainsi, les chiffres 2 et 3 sont les seuls nombres premiers desquels dérivent les autres.

Deux symbolise le pouvoir de multiplicité, la femelle, le réceptacle mutable, tandis que Trois symbolise le mâle. Il s'agissait de la musique des sphères, les harmonies universelles jouées entre les deux symboles universels primordiaux mâle et femelle qu'étaient Osiris et Isis, dont le mariage céleste enfanta leur fils Horus. Plutarque confirma cette sagesse égyptienne dans ses *Œuvres morales, Vol. V* :

> *En effet trois [Osiris] est le premier nombre impair et parfait ; quatre est le carré de deux [Isis], premier nombre pair ; et cinq [Horus], qui est composé de trois et de deux, tient à la fois et de son père et de sa mère.*

L'importance des deux nombres premiers (représentés par Isis et Osiris) fut clairement expliquée par Diodore de Sicile dans son *Livre I* [11. 5] :

> *Ces deux neteru (dieux), ils maintiennent, ordonnent l'univers entier, nourrissant et faisant croître toute chose...*

Dans le monde animé de l'Égypte antique, les nombres ne désignaient pas seulement des quantités, mais étaient considérés comme des définitions concrètes des principes formateurs de la nature. Les Égyptiens appelaient ces principes énergétiques neteru (dieux, déesses).

Pour les Égyptiens, les nombres n'étaient pas seulement pairs et impairs. Le concept de nombres animés en Égypte antique a été mentionné avec éloquence par Plutarque dans ses *Œuvres morales Vol. V*, lorsqu'il décrit le triangle rectangle de dimensions 3-4-5 comme suit :

> *Il faut donc concevoir, que le côté de l'angle droit représente le mâle, que la base du triangle représente la femelle, et que l'hypoténuse est le produit des deux ; qu'ainsi Osiris est le premier principe, qu'Isis en reçoit les influences, et que Horus est le résultat de l'opération de l'un et de l'autre.*

La vitalité et les interactions entre ces chiffres montrent de quelle manière ils sont masculins et féminins, actifs et passifs, verticaux et horizontaux, etc. La portée divine des nombres est personnifiée dans les traditions antiques par : Seshat, La Recenseuse. La *netert* (déesse) Seshat est aussi décrite comme : *Celle qui écrit, Celle qui est un scribe, La gardienne des annales (archives royales), la Patronne des bâtisseurs.*

Seshat est étroitement liée à Thot (Tehuti) et on la considère comme son équivalent féminin.

Le concept égyptien de symbolisme des nombres fut par la suite popularisé en Occident par et grâce aux enseignements de Pythagore [env. 580-500 avant notre ère]. Nous savons en effet que Pythagore a étudié pendant 20 ans environ en Égypte, au VIe siècle avant notre ère.

Il ne nous reste rien des écrits de Pythagore et de ses disciples directs. Cependant, le milieu universitaire occidental a généreusement attribué à Pythagore et aux *pythagoriciens* une liste sans fin de réalisations majeures.

Pythagore et ses disciples auraient considéré les nombres comme des concepts divins, des idées du Dieu qui avait créé un univers d'une variété infinie, dans un ordre satisfaisant d'après un modèle numérique. Ces mêmes principes étaient énoncés plus de 13 siècles avant la naissance de Pythagore, dans un *Papyrus Rhind* égyptien, connu sous le nom de *Papyrus Rhind Mathématique* [1848-1801 avant notre ère], qui promet une :

Méthode correcte d'investigation dans la nature pour connaître tout ce qui existe, chaque mystère, tous les secrets.

L'intention est clairement énoncée : les Égyptiens anciens croyaient en des règles concernant les nombres et leurs interactions (les mathématiques), et les définirent comme fondement de "tout ce qui existe".

Tous les éléments de conception de l'art et des bâtiments égyptiens (dimensions, proportions, nombres, etc.) étaient basés sur le symbolisme des nombres égyptien, comme le nom en égyptien ancien du plus grand temple d'Égypte, à savoir le complexe du Temple de Karnak, ***Apet-sout***, ce qui signifie *Celle qui Énumère les Endroits*. Le nom du temple parle de lui-même. La construction de ce temple commença au Moyen Royaume aux alentours de 1971 avant notre ère, puis fut sans cesse complétée pendant les 1 500 années suivantes. [Pour des informations plus détaillées sur les nombres et leur importance voir les livres intitulés *Cosmologie égyptienne – L'univers animé* et *L'architecture métaphysique des anciens Égyptiens* de Moustafa Gadalla].

Si nous regardons l'usage restrictif du terme "mathématiques" de nos jours, la perfection des monuments antiques atteste de la supériorité de leur savoir. Au début, les Égyptiens avaient un système décimal utilisant les symboles 1, 10, 100, 1 000 et ainsi de suite. Les preuves indiquent qu'au début de la 1ère dynastie (en 2575 avant notre ère), le système de comptage allait jusqu'à 1 000 000. Ils employaient les additions et les soustractions. Dans le cas des multiplications, excepté pour les plus simples où un nombre devait être multiplié par deux ou par dix, un procédé de doublement ou d'addition était impliqué, ce qui en fait correspond au mode de fonctionnement des ordinateurs. Nos tables de multiplication se basent entièrement sur la mémorisation et rien de plus. Cela ne peut donc être considéré en aucun cas comme une réussite humaine. Le fonctionnement de l'ordinateur est plus facile, plus précis et rapide comme nous le savons tous.

Les spécialistes ignorent complètement le savoir intégré dans les nombreux ouvrages de l'ancienne Égypte. Ils ne veulent se référer qu'à quelques documents antiques issus d'un papyrus du Moyen Royaume et de quelques fragments de textes de même nature. L'étude des mathématiques commença bien avant que les papyrus "mathématiques" ne fussent écrits. Ces papyrus retrouvés ne constituent pas un traité de mathématiques au sens actuel, je veux dire qu'ils ne renferment pas une suite de règles permettant de résoudre des problèmes de différentes natures, mais ils présentent seulement une série de tableaux et d'exemples de résolutions. Les quatre papyrus les plus connus sont :

1. Le papyrus "mathématiques" *Rhind* (à présent au *British Museum*) est une copie d'un document plus ancien de l'époque du roi *Nemara* (1849-1801 avant notre ère) de la 12e dynastie. Il contient un certain nombre d'exemples auxquels les spécialistes égyptiens ont donné le numéro de série 1-84.
2. Le papyrus "mathématiques" de Moscou (situé au *Museum of Fine Arts* de la ville) date aussi de la 12e dynastie. Il contient un certain nombre d'exemples auxquels les spécialistes égyptiens ont donné le numéro de série 1-19. Quatre d'entre eux traitent de géométrie.
3. Les fragments de *Kahoun*.
4. Le papyrus de Berlin 6619, qui comprend quatre fragments reproduits sous le numéro de série 1-4.

Ci-dessous se trouve un synopsis du papyrus "mathématiques" *Rhind* :

- Arithmétique

    – Multiplications de fractions
    – Solutions d'équations du premier degré
    – Divisions d'éléments en proportions inégales

- Mesures

    – Volumes et contenus de contenants de forme cylindriques, rectangulaires et de parallélépipèdes

- Aire d'un :

    – rectangle
    – cercle
    – triangle
    – triangle tronqué
    – trapèze

- Penchant ou angle du côté d'une pyramide ou d'un cône

- Problèmes variés :

    – Divisions en parts selon une progression arithmétique
    – Progression géométrique

D'autres méthodes mathématiques issues d'autres papyrus :

- Carrés et racines carrées de quantités impliquant de simples fractions [Berlin 6619]

- Solutions d'équations du second degré [Papyrus de Berlin 6619]

- **Il faut signaler que le papyrus *Rhind* montre que le calcul du côté d'une pyramide [*Rhind* N° 56-60] utilise les**

principes du triangle rectangle selon le *théorème de Pythagore*. Ce papyrus égyptien date de milliers d'années avant que Pythagore n'ait foulé la terre.

Ce théorème établit que le carré de l'hypoténuse d'un triangle rectangle est égal au carré de la somme des deux côtés. Plutarque expliqua la relation entre les trois côtés d'un triangle rectangle 3, 4, 5 qu'il appela (comme toutes les personnes de son temps) le triangle "Osiris".

12.4 LES "RAPPORTS" SACRÉS

Les Égyptiens anciens connaissaient les *nombres transcendantaux pi et phi*. Ils ont exprimé ce savoir au travers des proportions harmonieuses de leurs bâtiments et de leurs œuvres d'art.

1. Le nombre d'or (qui *numériquement* = 1,618), auquel les académiciens occidentaux ont associé un symbole arbitraire : la lettre grecque φ (phi), était connu et utilisé bien avant les Grecs. Le pire est qu'il n'y a aucune preuve tangible que les Grecs le connaissaient !

L'intégrité et l'honnêteté exigent qu'un terme de l'Égypte antique soit employé pour cette proportion, à savoir la proportion Neb (dorée). Neb veut dire doré, divin. Cette proportion est aussi connue dans les ouvrages occidentaux comme *dorée* et *divine*, depuis le XIXe siècle.

La *proportion Neb* (dorée) peut être obtenue à partir de la *suite d'additions* que les Égyptiens connaissaient depuis au moins 4 500 ans. Avec la progression de la suite (2, 3, 5, 8, 13, 21, 34, 55, 89, 144…), le rapport entre les nombres successifs tend vers la *proportion Neb*. Les rapports 55:34, 89:55, 144:89, etc. sont égaux à cette même "valeur" de 1,618. Comme indiqué plus haut, la disposition des temples et des lieux de culte antiques était déterminée par la *suite d'additions*, c'est-à-dire les points principaux situés le long de l'axe du plan des bâtiments.

La *proportion Neb* peut aussi être obtenue graphiquement de différentes façons qui étaient communes dans les bâtiments antiques au cours de l'histoire des dynasties. [Pour connaître les détails, voir *L'architecture métaphysique des anciens Égyptiens* de Moustafa Gadalla.]

2. L'indice du cercle est la représentation fonctionnelle d'un cercle. C'est le rapport entre la circonférence du cercle et son diamètre. Les scientifiques occidentaux l'ont nommé par la lettre grecque *pi* et lui ont donné la valeur de 3,1415927.

La connaissance des propriétés du cercle et d'autres courbes transparaissait déjà dans leurs premiers manuscrits ayant survécu au temps. Un texte de la 3e dynastie (2630 avant notre ère) indique la définition de la courbe d'un toit à Saqqarah par un système de coordonnées (indiqué plus bas). Cela démontre que leur connaissance du cercle leur permettait de calculer les coordonnées le long d'une courbe verticale. Ainsi, les ouvriers respectaient des dimensions précises dans leur exécution des courbes.

Les Égyptiens ont construit leurs capitales à l'aide de neuf éléments et parfois avec sept, en plus des polygones à 6, 8, 11 et 13 côtés, car ils connaissaient les propriétés du cercle et sa relation avec les coordonnées perpendiculaires et d'autres figures géométriques.

Ce savoir était courant en Égypte au moins 2 000 ans avant qu'Archimède n'ait foulé cette terre.

PARTIE IV : L'ÉCONOMIE PROSPÈRE

Chapitre 13 : Le savoir agricole

13.1 LES TECHNIQUES DE CULTURE DANS UN CLIMAT SEC

L'Égypte est (et était) l'une des régions les plus arides du monde. Le Nil dans ce pays reçoit 90% de ses eaux durant une crue de 100 jours chaque année, comme le signalait Hérodote dans *Histoires* [2, 92], où il déclare :

> *...le Nil commence à grossir au solstice d'été, et continue ainsi durant cent jours ; et par quelle raison, ayant crû ce nombre de jours, il se retire, et baisse au point qu'il demeure petit l'hiver entier, et qu'il reste en cet état jusqu'au retour du solstice d'été.*

La crue du Nil résulte de la saison des pluies en Éthiopie qui érodent le limon des hautes-terres de ce pays et l'emportent vers l'Égypte le long du Nil Bleu et d'autres cours d'eau. Une quantité plus réduite d'eau arrive en Égypte par le Nil Blanc, qui débute en Afrique centrale.

Les Égyptiens anciens géraient leurs ressources limitées en eau de manière efficace et devinrent les meilleurs agriculteurs de climat sec au monde. L'Égypte antique était réputée mondialement pour ses techniques d'irrigation et agronomiques. Diodore écrivit sur l'efficacité du système agricole égyptien :

> *...étant élevés depuis leur enfance aux tâches agricoles, ils surpassaient de loin les hommes/époux des autres pays et avaient appris à connaître les capacités de leur terre, le mode d'irriga-*

tion, les saisons exactes pour semer et récolter, ainsi que tous les secrets les plus utiles concernant la récolte qu'ils avaient reçus de leurs ancêtres et qu'ils avaient améliorés par leur propre expérience.

Plusieurs entités avaient été créées le long de la vallée du Nil afin de contrôler les crues puissantes grâce à l'observation, à l'établissement de relevés et à la régulation du débit dans l'ensemble de la vallée. Ainsi, un système d'irrigation communal extrêmement organisé fut développé et employé durant des temps immémoriaux.

Les ressources limitées en eau de l'ancienne Égypte étaient contrôlées de la manière la plus efficace en employant des méthodes élaborées de conservation et de répartition de l'eau. D'après Strabon, le système d'irrigation communal en Égypte était si admirablement géré :

...que malgré les difficultés à fournir parfois ce que la nature refusait de donner, grâce aux canaux et aux barrages, il y avait peu de différence dans la quantité de terres irriguées, que la crue fût déficiente ou abondante.

Les Égyptiens anciens faisaient des observations précises de l'augmentation du niveau du Nil pendant la crue. Des *nilomètres*, appareils utilisés pour mesurer la crue et la décrue progressives du fleuve, furent construits en différents lieux du pays et les variations des surfaces recouvertes d'eau furent relevées et annotées. Les augmentations du niveau de l'eau aux emplacements des *nilomètres* dans l'ensemble du pays étaient toutes reliées à une donnée commune. La régulation du débit et sa durée étaient contrôlées par des officiers compétents qui utilisaient des écluses pour les ajuster à une hauteur et à une période de temps déterminées. Diodore, *Livre I* [19. 5-6], affirme ce qui suit :

...afin que ses eaux n'inondassent plus le pays au-delà de ce qui

Les eaux de la crue étaient gérées différemment selon les zones. Cela dépendait de beaucoup de facteurs, comme les hauteurs relatives des terres environnantes et du type de culture qu'ils faisaient pousser à ce moment-là, etc.

Les Égyptiens anciens savaient utiliser les différents types de sol pour produire une diversité de produits agricoles. Ils tiraient parti de la bordure du désert où les sols sont un mélange d'argile et de sable, pour cultiver la vigne et d'autres plantes qui étaient adaptées à ces terrains.

En plus des apports de terre azotée qui provenaient du limon des hautes-terres d'Éthiopie, les Égyptiens ajoutaient des fertilisants comme des engrais naturels, du fumier provenant de différents animaux et d'oiseaux, pour des objectifs divers. D'autre part, les Égyptiens anciens employaient aussi des engrais "chimiques" qui étaient répandus sur les champs. Ceux-ci étaient utilisés pour certaines cultures, notamment celles qui se développaient tardivement en saison.

Non seulement les Égyptiens anciens fournissaient bien de l'eau aux basses-terres, mais ils étaient capables d'irriguer celles qui étaient trop éloignées du fleuve pour être inondées par lui. Pour pouvoir atteindre les sables du désert, ils employaient un système de canaux et d'appareils pour remonter l'eau. Dans l'Égypte antique, l'eau était remontée jusqu'aux canaux supérieurs en utilisant :

1. Le *chadouf*, le moyen le plus courant pour remonter de l'eau du Nil ou alimenter des canaux pour de faibles quantités d'eau. Il est constitué d'un balancier et d'une puisette.

2. Une machine actionnée à l'aide des pieds (pompe) men-

tionnée par Philon d'Alexandrie, qui est évoquée dans *Deutéronome* [XI, 40] :

> ***le pays d'Égypte, où tu jetais dans les champs ta semence et les arrosais avec ton pied comme un jardin potager.***

3. La vis hydraulique, les pompes hydrauliques égyptiennes étaient célèbres dans le monde entier ; on les employait dans les mines d'Ibérie, comme le confirme le témoignage de Strabon dans *Géographie* [3.2.9] :

> ***À cette ardeur il compare l'industrie et l'activité que déploient les Turdétans soit pour creuser leurs profondes et sinueuses syringes, soit pour épuiser à l'aide de la vis <u>égyptienne</u> l'eau des fleuves souterrains qui de temps à autre leur barrent le passage.***

La "vis égyptienne" était conçue et fabriquée selon le même principe que nos pompes modernes, à savoir un tube spiralé enveloppant une gaine ou une large vis dans un cylindre, actionnée manuellement ou mécaniquement. Le modèle manuel est généralement connu aujourd'hui en Égypte comme le *tanbour*.

4. La roue à aubes avec ses godets pour prélever l'eau des rivières et alimenter les canaux d'irrigation. Elle est efficace pour fournir de l'eau à des altitudes supérieures ; c'est pourquoi on la trouve dans des lieux comme l'oasis du *Fayoum*, au sud du Caire.

Les travaux hydrauliques des Égyptiens anciens et leurs projets de récupération de terres étaient immenses, même pour nos standards actuels et avec l'utilisation de gros équipement. Voici quelques exemples :

1. Un projet de détournement majeur fut accompli il y a plus de 4 000 ans. Le projet débuta à l'actuelle ville de Assiout

où une grande quantité d'eau se dirigeait vers la région de l'actuel *Fayoum*, située environ 100 km au sud-ouest du Caire. L'oasis du Fayoum se trouve au-dessous du niveau de la mer et renferme le lac *Karoun*. Au départ, le lac était utilisé comme bassin de rétention des crues du Nil qui alimentait l'ensemble de la région. Cette eau en surplus apportait le limon fertile et le déposait au fond du lac. Cet ancien projet important permit de détourner des millions de mètrescubes d'eau qui se perdaient dans le désert qui entoure la région du *Fayoum*. La quantité d'eau qui remplissait le lac se réduisit et ainsi, 80% de la superficie du lac put être récupérée et les terres furent cultivées. Une série de roues à aubes étaient utilisées pour remonter l'eau sur les berges de cette dérivation du Nil. En plus, davantage d'eau fut rendue disponible le long de la vallée, au nord d'Assiout, ce qui accrut la superficie de terres arables.

2. Il existe des preuves archéologiques de chantiers publics d'envergure dans l'actuelle ville de *Semna*, lors du règne de *Sésostris III* [1878-1844 avant notre ère]. La zone de *Semna*, au-dessus de la Troisième cataracte, était fertile et subvenait aux besoins d'une importante population. Au Moyen Royaume, un barrage artificiel bloquait le cours d'eau. Une partie de ce barrage est toujours visible dans la zone est de *Semna*. Sa construction éleva le niveau du Nil sur des centaines de kilomètres vers le sud, permettant d'effectuer des expéditions commerciales loin à l'intérieur de l'Afrique. On peut voir environ 25 inscriptions sur les rochers situés endessous des forteresses de *Semna* est et ouest. Elles indiquent les niveaux record des crues pendant le Moyen Royaume et toutes montrent une hauteur supérieure d'environ 8 m aux niveaux maximum des eaux actuels.

13.2 LA RÉPARTITION DU TRAVAIL

Le climat aride d'Égypte et la durée limitée de la crue du Nil ont conduit à un système communal d'irrigation très organisé qui était basé sur des méthodes rigoureuses de conservation et de dérivation des eaux. Les fermiers avaient besoin de l'appui de superintendants pour la gestion des sols, la régulation des eaux, la pêche, etc. Les superintendants locaux coordonnaient leurs actions avec celles de superintendants régionaux et ceux-ci avec les responsables nationaux.

Dans l'ancienne Égypte, les conséquences sociales de pratiques agricoles efficaces et fructueuses étaient largement positives, car plus l'agriculture est efficace, plus la société devient dépendante de responsables ou de superintendants. Une nouvelle classe se développa dont les leaders coordonnèrent les différentes activités de la société. Cela entraîna une répartition plus efficace de la force de travail et des échanges entre des groupes spécialisés.

L'Égypte antique n'avait pas de castes au sens le plus stricte du terme, mais il existait une division générale du travail entre quatre groupes principaux :

1. La communauté agricole qui était constituée de nobles, de fermiers (qui représentaient le gros de la population), d'éleveurs, de maraîchers, de superintendants en charge des activités hydrauliques et des tâches concernant l'irrigation et les droits associés ainsi que la pêche, etc., de chasseurs, de bateliers du Nil, de commerçants, de négociants et de serfs.

Dans la communauté agricole, on trouvait un groupe constitué de serfs qui se trouvaient généralement en état de servitude légère résultant des systèmes de lignage et de parenté. Cela ressemblait à une situation d'adoption, ils étaient toujours bien traités et pouvaient atteindre des positions respectables dans les foyers et les communautés en jouissant des mêmes droits que les descendants biologiques.

2. Les professionnels ayant une spécialisation (artisans) tels que : les forgerons, les artisans du cuir, les menuisiers/tra-

vailleurs du bois, les constructeurs de bateaux, les peseurs publics et les notaires, les écrivains publics, les scribes, les tisseurs, les musiciens et les bardes (conteurs/rédacteurs), ainsi que les maçons/constructeurs et probablement les potiers.

3. Les intermédiaires comprenant le clergé (temples et lieux de culte), les juges et les docteurs.

4. Ce dernier groupe comprenait principalement des gens travaillant en périphérie des zones peuplées comme les groupes de gardiens de troupeaux : les pasteurs, les vachers, les bergers, les chevriers, les porchers et ceux en charge des volailles.

Ces quatre groupes principaux habituellement se divisaient à leur tour selon la nature de leur négoce ou de leur occupation.

Il existait une certaine mobilité entre les différentes occupations, mais aussi au sein de n'importe quelle activité particulière. Les individus n'étaient pas forcément confinés dans une même occupation toute leur vie. Ils avaient la possibilité de rechercher d'autres activités mais alors, ils ne pouvaient accomplir que les tâches les plus simples, car ils n'avaient plus la capacité d'acquérir une expérience suffisante.

Vous trouverez plus d'informations sur ces quatre groupes principaux tout au long de ce livre.

L'identité des Égyptiens anciens et *Baladi* était liée à leur métier. Le nom de famille de la personne était/est celui de la profession/ négoce (charpentier, forgeron, fermier, couturier, etc.).

Tous les aspects les plus importants de la vie : mariage, foyer, activité et statut, tournent autour de la profession. Il est clair que la profession d'une personne détermine son existence.

13.3 UNE DESTINÉE INNÉE (UNE HISTOIRE DE GÉNÉTIQUE)

La répartition du travail dans les sociétés de l'ancienne Égypte était/est, dans une certaine mesure, héréditaire, c'est-à-dire que l'appartenance d'un individu à un groupe professionnel était/est déterminée par sa naissance.

L'hérédité est importante en ce sens qu'elle définit le destin de la plupart des gens. Une expression courante est "le débat de l'*inné* et de l'*acquis*" soulève l'éternelle question : quelle est la part de l'inné et quelle est la part de notre éducation/environnement dans ce que nous sommes ?

Les personnes naissent avec certaines aptitudes, c'est-à-dire qu'il existe un facteur héréditaire dans notre conformation. Aux États-Unis, les gens pour exprimer la raison pour laquelle une personne a du génie disent : "C'est dans ses gènes", ce qui signifie que la cause est génétique, donc héréditaire.

Cela prendrait plusieurs générations pour acquérir le talent ou les aptitudes particulières d'un type de travail donné. Les Égyptiens, étant des gens d'habitudes et de traditions, préfèrent généralement ne pas prendre de risque ; aussi, ils choisissent de rester au sein de la profession dans laquelle ils ont grandi, l'activité ancestrale, pour leur propre bien et celui de la société dans son ensemble. Tel raisonnement fut mentionné par Diodore dans ses écrits sur l'organisation du travail dans l'Égypte antique.

Toutes les professions étaient nettement démarquées les unes des autres, grandement spécialisées et efficaces. S'aventurer sur les plates-bandes du voisin n'était pas désiré ni encouragé.

Ce système "héréditaire" assurait l'acquisition d'une expérience professionnelle à un âge précoce. Les aptitudes innées, jointes à une telle expérience, étaient beaucoup plus efficaces et productives qu'avec notre système d'éducation actuel.

Dans nos sociétés post-industrielles, nous gaspillons du temps et de l'énergie dans la scolarité. La plupart des personnes ne deviennent rentables dans leur activité/profession qu'à partir de la trentaine. En naissant dans une activité/profession, on pourrait contribuer à la société à un âge beaucoup plus précoce.

Il existe un malentendu courant qu'une "caste" est une division de classe et endogame de la société, dont l'appartenance est héréditaire et définitive. Cette focalisation sur l'aspect de classe nuit à notre compréhension de la situation. Une analyse plus précise consisterait à distinguer les castes par l'origine culturelle de leur qualité ou de leur pouvoir.

Les castes ne sont pas un genre de succession héréditaire. Même si un fils adoptait généralement la profession de son père à cause des habitudes, des modes de pensée, de l'éducation ou des relations, il pouvait toujours débuter une autre carrière. Il devait alors compter sans l'aide de l'expérience et des relations de sa famille.

Au sein de cette structure sociale hiérarchisée, chaque membre de la communauté trouve sa position sociale en fonction de la position héréditaire de la famille. Même si un enfant n'accomplit pas le rôle traditionnel de ses parents, son statut ne change pas.

13.4 LA COMMUNAUTÉ AGRICOLE

Pour les Égyptiens (anciens et Baladi), le concept de terre n'accepte pas la prémisse que la terre est une propriété qui puisse être possédée par quelqu'un. Pour eux, une personne a le droit d'occuper un terrain seulement si elle le travaille et a seulement le droit de posséder les fruits de son labeur. Les Égyptiens anciens n'ont pas de verbe qui signifie posséder, avoir ou appartenir à.

Les agriculteurs ont le droit d'accès à la terre seulement s'ils la travaillent. Ce concept de la terre se retrouve dans nombre de pays au monde – on l'appelle alors la *terre commune* (ou un autre terme similaire). L'idée est que la terre est "possédée" par le gouvernement (c'est-à-dire les personnes) et que l'accès est fourni aux personnes afin de l'utiliser d'une manière ou d'une autre (mines, pâturages, etc.).

Le travail des agriculteurs était/est étroitement lié aux superintendants administratifs dédiés aux ressources d'eau locales (et régionales). Pour permettre aux fermiers de se consacrer à leur productivité, les anciens s'occupaient des échanges avec les autres concernant les équipements, le stockage des matériaux, les tractations commerciales, etc. Ces anciens étaient appelés "les nobles".

Le terme de "noble" vient du terme antique *Neb/Nab/Naba*, qui est l'un des titres des leaders durant l'ancienne Égypte. *Neb* signifie "or" (traditionnellement le produit final parfaitement élaboré, le but de l'alchimiste). Ainsi, le noble n'était pas un riche aristocrate mais une bonne personne.

L'excellente et productive agriculture de l'Égypte antique permit le développement de nombreuses villes, ce qui à son tour bénéficia à la production agricole. Ces centres urbains attirèrent les industries comme la fabrication de textiles, de céramiques, du verre, des métaux, du cuir, etc.

Chapitre 14 : Les industries de fabrication

14.1 LE SAVOIR ÉGYPTIEN DE LA MÉTALLURGIE ET DE LA SIDÉRURGIE

À une période reculée, les Égyptiens avaient appris à travailler les métaux et tout le monde s'accorde à dire que voici 5 000 ans, les Égyptiens anciens avaient déjà développé les techniques d'extraction minière, d'affinage et du travail des métaux.

L'ancienne Égypte ne possédait pas plusieurs sortes de minerais comme l'argent, le cuivre, l'étain, le plomb, etc., bien que l'on produisait de grandes quantités d'électrum (un alliage d'or et d'argent), de cuivre et d'alliages de bronze. Les Égyptiens anciens tiraient profit de leurs compétences pour explorer des gisements de minerais en Égypte et dans d'autres pays. L'Égypte antique possédait les moyens et le savoir pour rechercher les minerais utiles, les extraire et transporter de lourdes charges sur de longues distances, que ce soit par voie terrestre, fluviale ou maritime.

Puisque l'Égypte antique possédait la population la plus importante et prospère de l'ancien monde, elle importait d'énormes volumes de matières premières et, en contrepartie, exportait d'immenses quantités de produits finis. On trouve des produits finis égyptiens, métalliques ou non, dans des tombes du bassin méditerranéen, d'Europe, d'Asie et d'Afrique.

Les Égyptiens avaient un savoir considérable dans le domaine de la chimie et de l'utilisation des oxydes de métaux, comme le prouve leur capacité à fabriquer du verre et de la porcelaine avec une diversité de couleurs naturelles. Ils produisaient aussi de belles couleurs à partir du cuivre, ce qui démontre leur connaissance au sujet de la composition de différents métaux et leur compréhension des effets produits par les sels sur des substances variées. Cela correspond à notre définition "moderne" de la chimie et de la métallurgie.

- La chimie est la science qui traite de la composition et des propriétés des substances, ainsi que des réactions les produisant ou les transformant en d'autres produits ; de l'application de ce savoir à un sujet spécifique ou dans un champ d'activité ; des propriétés chimiques, de la composition, des réactions et des usages d'une substance.

- La métallurgie est la science des métaux, qui consiste à les séparer de leurs minerais et à les rendre utilisables par des procédés de fusion, d'affinage, etc.

Les méthodes du travail des métaux : la fusion, le forgeage, la soudure et la ciselure, étaient non seulement communément employées, mais aussi très élaborées. Les nombreuses références au travail des métaux dans les documents de l'ancienne Égypte nous donnent une idée plus précise de l'importance de cette industrie pour ce pays.

Le talent des Égyptiens dans la combinaison des métaux est pleinement confirmé par les vases, les miroirs et les accessoires en bronze découverts à Louxor (Thèbes) et dans d'autres endroits d'Égypte. Ils employaient de nombreux procédés pour varier la composition du bronze à l'aide d'un judicieux mélange d'alliages. Ils possédaient aussi le secret pour donner au bronze ou aux feuilles de laiton un certain degré d'élasticité, comme on peut le constater sur une dague située maintenant au Musée de Berlin. Cette dague est remarquable pour la souplesse de sa lame, la précision et la perfection de son fini. Beaucoup de produits de l'ancienne Égypte, désormais répartis dans les musées d'Europe, contiennent 10 à 20% d'étain pour 80 à 90% de cuivre.

Leur connaissance de la ductilité des métaux apparaît clairement dans leur habileté à fabriquer des fils et des câbles métalliques. Le tréfilage des fils était réalisé avec les métaux les plus ductiles comme l'or et l'argent, ainsi que le laiton et le fer. Les fils et les câbles en or résultaient d'un étirement; il n'existe aucun exemple connu de ceux-ci ayant été obtenu par martèlement. On a trouvé des fils d'argent dans la tombe de *Twt Homosis* (*Thoutmôsis*) *III* et des fils d'or attachés à des anneaux portant le nom d'*Osirtasen Ier* qui vécut 600 ans avant *Twt Homosis III* [1490-1436 avant notre ère].

Les Égyptiens perfectionnèrent l'art de la fabrication de fils métalliques. Ceux-ci étaient suffisamment fins pour coudre des vêtements et réaliser des décorations. Il existe quelques pièces de lin délicatement ornées de figures d'animaux et cousues avec des fils d'or, ce qui exigeait un grand degré de finesse et de soin des détails.

La science et la technologie pour fabriquer des produits et des objets en métal étaient connues et furent perfectionnées dans l'Égypte antique. Cela permit aux Égyptiens anciens d'être capables de fabriquer de nombreux alliages métalliques en grandes quantités. Des exemples de l'expression de leur savoir sont montrés ci-dessous.

14.2 LES PRODUITS À BASE D'OR ET D'ARGENT (ÉLECTRUM)

Les Égyptiens anciens utilisaient l'or qu'ils extrayaient dans leur pays. Ils employaient aussi l'argent qu'on ne trouvait/trouve pas en Égypte, mais ils l'importaient de la péninsule Ibérique. Ils utilisaient l'argent seul ou le combinaient avec l'or pour produire un alliage connu sous le nom d'électrum. Des documents anciens indiquent que les *neteru* (dieux/déesses) sont faits d'électrum car cet alliage constitue la source d'énergie dans l'univers. En plus de l'employer pour fabriquer des objets religieux comme des statues ou des amulettes, ils se servaient souvent de cet alliage pour des décorations personnelles et pour des vases. Il y avait habituellement deux à trois fois plus d'or que d'argent. Un papyrus de l'époque de *Twt Homosis III* (1490-1436 avant notre ère) indique qu'un officier reçut un "grand monca" d'électrum qui pesait 36 392 *uten*, c'est-à-dire 3 311,72 kg.

L'or et l'argent étaient aussi fondus pour faire de petites statues de la même manière qu'avec le cuivre et le bronze. Les deux métaux sont souvent trouvés sous la forme de perles unies qui sont vieilles d'au moins 6 000 ans.

Sur les tombes du Moyen Royaume de *Banu Hassan*, les scènes représentées donnent une idée générale de ce qu'était le commerce des métaux. Ainsi sont illustrés les procédés de lavage du minerai, de fusion ou de fonte du métal à l'aide d'une buse de soufflage, le travail des métaux à des fins ornementales, le pesage, la transcription des inventaires et d'autres tâches de l'orfèvre.

Quand l'or n'était pas fondu en un objet massif, il était étalé en une feuille d'épaisseur égale. On se servait des feuilles d'or pour décorer les meubles. Celles plus épaisses étaient martelées directement sur le bois puis fixées par de petits rivets en or. Les feuilles les plus fines étaient fixées à l'aide d'un adhésif, probablement de la colle, sur une couche de plâtre. Celles très fines étaient employées pour recouvrir des statues, des masques de momies, des cercueils et d'autres accessoires. On les appliquait sur une fine couche de plâtre, mais la nature de l'adhésif utilisé par l'artisan n'a pas été identifiée.

L'habileté à travailler des quantités de métal importantes est démontrée par le cercueil en or de *Toutankhamon* qui pèse 136 kg et qui est visible au musée du Caire.

L'ancienne Égypte manquait de minerais pour produire des alliages de cuivre et de bronze – cuivre, arsenic et étain – qui s'obtenaient à l'étranger. Les Égyptiens de cette époque fabriquaient de grandes quantités de ces alliages, voici plus de 5 000 ans.

Le cuivre égyptien était durci par addition d'arsenic. La proportion d'arsenic dans l'alliage de cuivre variait selon l'objectif recherché. Il a été observé une variation de la composition par exemple dans les dagues et les hallebardes qui possédaient un tranchant renforcé et dont le cuivre contenait 4% d'arsenic, alors que celui des haches et des pointes n'en contenait que 2%. Le cuivre arsénifère a été utilisé depuis la période prédynastique (5 000 ans avant notre ère) jusqu'au Moyen Royaume inclus (2040-1783 avant notre ère).

La pierre antique (connue comme la "Pierre de Palerme" et maintenant conservée au musée de Palerme), décrit la fabrication d'une statue de *Khâsekhemoui* de la 2e dynastie (2890-2649 avant notre ère). Une statue en cuivre de Pépi Ier (2289-2255 avant notre ère), qui est l'exemple le plus ancien d'une sculpture en métal ayant survécu jusqu'à nos jours, est conservée actuellement au musée du Caire. C'est sans aucun doute la grande valeur de tous les métaux en Égypte qui explique la rareté des pièces les plus anciennes, car beaucoup de ces métaux ont dû être refondus et réemployés plusieurs fois.

En plus de produire du cuivre arsénifère, les Égyptiens anciens fabriquaient aussi des produits en bronze. L'ajout d'une faible proportion d'étain au cuivre donne du bronze et se traduit par une température de fusion plus basse, une dureté accrue et une plus grande facilité à fondre. La proportion d'étain varie grandement, entre 0,1% à 10% et plus. On a découvert de nombreux objets en bronze remontant à une période reculée. Un cylindre portant le nom de Pépi Ier (2289-2255 avant notre ère), exhibant des lignes franches ainsi que d'autres pièces de bronze de la même période, prouve que le moulage d'objets en bronze est antérieur à 2200 avant notre ère.

L'industrie du bronze était très importante pour le pays. Il était amélioré et utilisé pour les grands bateaux ainsi que pour les outils et les armes. Il existe de nombreux exemples de bronzes perfectionnés qui appartiennent à toutes les périodes depuis l'Ancien Royaume (2575-2150 avant notre ère), comme la collection de Gustave Posno qui se trouve maintenant au musée du Louvre à Paris.

Des cloches antiques de différentes sortes ont été trouvées, soigneusement enveloppées dans du tissu avant d'avoir été placées dans des tombes. Un grand nombre d'entre elles sont conservées au musée du Caire.

Les cloches étaient faites principalement en bronze, mais parfois aussi en or et en argent. Elles étaient de formes différentes. Certaines avaient une forme de cloche munie d'une lèvre inférieure dentelée représentant un calice de fleur, parmi toute une série d'autres types. Le grand nombre de moules de cloches antiques (actuellement au musée du Caire, catégorie #32315 a, b) témoigne bien de l'activité de fonte de métaux dans l'Égypte antique. Le trou d'entrée du métal en fusion est bien visible dans ces moules. L'analyse chimique d'une cloche typique de l'ancienne Égypte indiquait : 82,4% de cuivre, 16,4% d'étain et 1,2% de plomb.

Les Égyptiens employaient différents types d'alliages de bronze comme nous l'apprennent des textes du Nouveau Royaume ; ils mentionnent fréquemment le "bronze noir" et le "bronze combiné par six", c'est-à-dire un alliage comprenant six mélanges. Ces variations produisaient plusieurs couleurs. Le laiton jaune était un complexe de zinc et de cuivre. Un type de laiton blanc (et plus fin) contenait un mélange d'argent, qui était utilisé pour les miroirs, on le connaît sous le nom de "bronze de Corinthe". L'ajout de cuivre à cet alliage lui donnait une apparence jaune presque dorée.

Le cuivre et le bronze s'utilisaient pour un large éventail d'ustensiles domestiques tels que chaudrons, carafes, cuvettes et louches, en plus d'une gamme importante d'outils et d'armes : dagues, épées, lances, haches et haches de guerre. Durant l'Ancien et le Moyen Royaumes, il y avait une prédominance de haches de guerre arrondies et semi-circulaires.

Des documents de la période du Moyen Royaume (2040-1783 avant notre ère) tels que ceux illustrés dans les tombes de *Banu Hassan,* nous montrent la diversité des armes de l'ancienne Égypte ainsi que de nombreux boucliers (illustrés ci-dessous) avec différentes sortes de rivetage.

Au Nouveau Royaume (1550-1070 avant notre ère), les Égyptiens anciens levèrent une grande armée afin de protéger leurs frontières. Ils recrutèrent des mercenaires pour renforcer leur puissance militaire et fabriquèrent les équipements de combat nécessaires.

Une Égypte prospère et protégée était capable de produire de grandes quantités de biens métalliques durant la 18e dynastie (1575-1335 avant notre ère). Cette augmentation du nombre de biens correspondait à une intensification de l'activité minière et à un accroissement d'objets en cuivre et en bronze dans les tombes en Ibérie pendant la même période, comme cela est précisé dans le chapitre suivant.

La demande de l'Égypte antique de grandes quantités de cuivre, d'arsenic et d'étain se développa voici plus de 5 000 ans. Les trois minerais étaient importés depuis la seule source connue de l'ancien monde : l'Ibérie. Des documents archéologiques indiquent une utilisation lointaine de l'abondance de cuivre et d'arsenic en Ibérie. Concernant l'étain, nous connaissons la "route de l'étain" qui parcourait la côte ouest de la péninsule Ibérique et où ce métal était extrait en Galice et peut-être en Cornouailles. Strabon, dans le Vol. 3 de *Géographie*, nous dit que :

> *Pour ce qui est de l'étain... c'est uniquement des mines qu'on l'extrait, ce sont des mines d'étain, par exemple, qui se trouvent dans le pays de ces Barbares au-dessus de la Lusitanie et dans les îles Cassitérides, ainsi que dans les autres îles Britanniques, d'où Massalia tire aussi beaucoup d'étain.*

Des preuves de contacts anciens le long de la "route de l'étain" avec l'est de la région méditerranéenne, à savoir l'ancienne Égypte, sont décrites dans le livre en anglais intitulé *Egyptian Romany: The Essence of Hispania* de Moustafa Gadalla.

14.4 LES PRODUITS EN VERRE (VERRE ET ÉMAILLAGE)

Les Égyptiens anciens produisaient de nombreux genres d'objets en verre dès la période prédynastique (5 000 ans avant notre ère). Il s'agissait principalement de perles dont le centre était de quartz homogène ou de stéatite. Celle-ci était employée pour sculpter de petits objets comme des amulettes, des pendentifs et de petites représentations des neteru (dieux/déesses), ainsi que quelques articles plus grands. Elle constituait une base idéale pour travailler le verre. Des objets en stéatite émaillés se retrouvent durant toute la période dynastique (3050-343 avant notre ère) ; c'était la matière la plus usitée pour les scarabées. Les mêmes techniques d'émaillage, étaient employées pour produire en masse les objets funéraires (amulettes, *ouchebtis*) et ceux pour décorer une maison (mosaïques, incrustations et motifs floraux).

La diversité et la grande qualité des articlesen verre de l'ancienne Égypte nous renseignent sur le savoir de la métallurgie des Égyptiens. Les couleurs les plus répandues étaient le bleu, le vert ou le bleu-vert. La couleur provenait de l'ajout de cuivre. Plus de brillance s'obtenait avec un mélange de cuivre et d'argent.

Le verre de l'Antiquité était formé à partir de sable de quartz chauffé à blanc et de natron, auquel on ajoutait un mélange d'agents colorants comme le cuivre ou la malachite afin de fabriquer du verre à la fois vert et bleu. Le cobalt, qui a dû être importé, était aussi employé. Ensuite, les ingrédients étaient fusionnés dans une masse liquide, puis on cessait de chauffer une fois que cette masse avait acquis les propriétés désirées. Pendant son refroidissement, on la versait dans des moules et lui donnait la forme de tiges, de barres ou autre.

Une scène de souffleur de verre est visible dans les tombes de *Ti* (2465-2323 avant notre ère) à Saqqarah, *Banu Hassan* (il y a plus de 4 000 ans) et dans des tombes plus récentes.

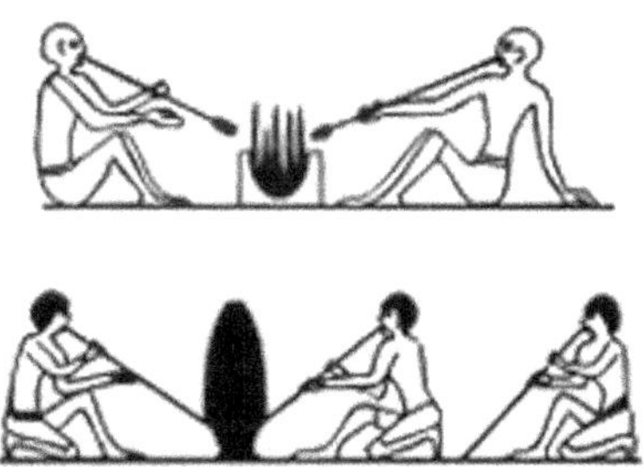

Puisque l'émail contient les mêmes constituants que le verre et qu'ils ont été fondus de la même manière que pour le verre, la fabrication de celui-ci peut donc être attribuée aux Égyptiens à une époque très antérieure. L'émail brillant et dur a la même qualité que le verre. La technique qui fut appliquée pour la fabrication de récipients en verre fut une évolution naturelle de la méthode de l'émaillage.

On peut voir des bouteilles de verre égyptiennes sur des monuments de la 4e dynastie (2575-2465 avant notre ère). Ces bouteilles de différentes couleurs étaient exportées vers d'autres pays comme la Grèce, l'Étrurie, l'Italie et au-delà.

Les Égyptiens anciens faisaient montre de leur excellente connaissance des différentes propriétés des matériaux dans l'art de teinter le verre avec des couleurs variées ; on peut voir dans les tombes de Louxor (Thèbes) de nombreux fragments qui l'attestent. Leur talent à maîtriser ce procédé complexe leur permit d'imiter le riche éclat des pierres précieuses. De fausses perles ont été si bien réalisées que même avec une forte loupe il est difficile de les différencier des vraies. Pline confirma qu'ils avaient réussi à les imiter si parfaitement que cela rendait :

difficile de distinguer les fausses pierres des vraies.

Le spectre de couleurs de ces pierres semi-précieuses est fascinant ; il va du bleu limpide du lapis-lazuli au bleu tourbillonnant de la turquoise et à l'or moucheté de la cornaline, ces trois pierres étant les plus représentatives de l'art des joailliers égyptiens. Mais il y avait aussi l'agate, l'améthyste et l'hématite. D'autre part, il est à noter que les artisans faisaient des merveilles avec l'émail qu'ils employaient en grandes plaques et qu'ils décoraient de hiéroglyphes ou de cartouches.

Les mosaïques de verre étaient constituées de pièces variées qui étaient fabriquées séparément puis unies en ajoutant un fondant et en chauffant. Ces mosaïques antiques possédaient des couleurs lumineuses et magnifiques.

On trouve fréquemment le verre dans ce qui est communément appelé le cloisonné égyptien, un terme employé pour décrire une incrustation de morceaux de verre, de faïence ou de pierres disposés dans des alvéoles dont les parois sont de métal et qui sont fixés par un ciment. Le procédé consistait à déposer de la poudre de verre dans les cloisons et à chauffer suffisamment pour faire fondre la poudre et obtenir une masse compacte.

Les poteries émaillées, les carreaux et d'autres céramiques constituaient des industries importantes dans l'Égypte antique. Certains carreaux étaient faits d'émaux et de dessins d'un bleu intense. Ils fabriquaient également des céramiques qui avaient un éclat métallique iridescent.

Certains carreaux de céramique étaient peints à l'aide de pigments constitués d'un mélange d'oxydes métalliques (de cuivre, manganèse ou cobalt, etc.) et de silicates alcalins plus de l'eau. Des carreaux de céramique de la meilleure qualité se trouvent à Saqqarah depuis environ 4 500 ans. La "tombe du sud", située à seulement 300 m de la pyramide à degrés, fut découverte inviolée par Lauer et Firth en 1924-26. Elle est composée de plusieurs chambres revêtues de carreaux de céramique bleue, exactement comme les chambres funéraires de la pyramide à degrés.

14.5 LES PRODUITS EN FER

Bien que les pyramides aient été construites avant "les âges du bronze et du fer", les météorites ferriques étaient connues des Égyptiens à l'époque des pyramides. Le nom antique pour le fer était *bja*. Le terme *bja* est mentionné plusieurs fois dans *Les Textes des Pyramides* (funéraires) d'Ounas qui se trouvent dans le complexe de Saqqarah (depuis environ 4 500 ans) en rapport avec les "os" des rois importants.

Je suis pur, je prends avec moi mes os de fer (bja), j'étire mes membres éternels qui sont dans le ventre de Nout... [UFT 530]

Mes os sont de fer (bja) et mes membres sont des étoiles éternelles. [UFT 1454]

Les os du roi sont de fer (bja) et ses membres sont des étoiles éternelles... [UFT 2051]

Le fer était utilisé dans l'Égypte antique et on peut trouver des mines de fer dans le désert. Hérodote mentionne que les constructeurs des pyramides employaient des outils en fer. Son récit est confirmé par la découverte de fragments d'outils en fer incrustés dans de la maçonnerie ancienne par des égyptologues du XIXe siècle, et ce en divers endroits. Également, sur les monuments de Louxor (Thèbes) et même sur les tombes de Memphis qui remontent à plus de 4 000 ans, on peut voir des bouchers en train d'affûter leurs couteaux sur une barre de métal attachée à leur tablier qui, de par sa couleur bleue, ne peut être que du fer. On peut distinguer la différence entre des armes en bronze et en fer dans la tombe de Ramsès III : l'une est peinte en rouge et l'autre en bleu, ce qui ne laisse aucun doute sur le fait qu'elles ont été utilisées aux mêmes périodes.

Homère cite clairement l'emploi du fer dans *l'Iliade* [xxiii, 261] et comment le métal rougi siffle quand il est plongé dans l'eau.

La datation arbitraire par les spécialistes des âges des métaux (cuivre, bronze, fer, etc.) est absolument sans fondement. Des objets en bronze de différentes sortes comme des épées, des dagues et d'autres armes, ainsi que des armures ont été utilisés continuellement par toutes les nations longtemps après que le fer ait été connu et employé par elles. De façon cavalière, les universitaires occidentaux nient aux Égyptiens la connaissance et l'usage d'objets en fer, car ils n'ont jamais abandonné l'emploi des objets en bronze. Que je sache, la découverte d'outils en bronze des Romains et des Grecs n'a jamais été utilisée pour prétendre que ceux-ci ignoraient le fer. Par conséquent, la connaissance et la fabrication d'objets en fer par les Égyptiens anciens ne peut être mise de côté arbitrairement.

14.6 L'ACTIVITÉ MINIÈRE ÉGYPTIENNE

La nature méthodique de la civilisation égyptienne de l'Antiquité faisait qu'ils conservaient des archives décrivant la nature de leurs expéditions et les modalités de leurs activités minières. Les documents anciens qui ont survécu révèlent une organisation extraordinaire des activités minières, il y a plus de 5 000 ans, dans de nombreux sites d'Égypte et au-delà.

Les mines de turquoise de Sarabit al-Khadim dans la péninsule du Sinaï montrent une carrière typique de l'ancienne Égypte composée d'un réseau de grottes ainsi que de passages horizontaux et verticaux taillés soigneusement et munis d'angles précis, comme ce fut le cas dans les mines de l'Égypte antique à toutes les périodes. Les Égyptiens étaient capables de creuser profondément dans les montagnes à l'aide d'étais solides et du renfort de puits d'excavation et de tunnels. Les infiltrations d'eau souterraine dans les tunnels et les puits étaient pompées jusqu'à la surface en toute sécurité. Ces pompes égyptiennes étaient célèbres dans le monde entier ; on les employait dans les mines d'Ibérie selon le témoignage de Strabon, dans son livre *Géographie* [3. 2. 9] :

> ***Ainsi Posidonius affirme que l'énergie et l'industrie des mineurs turdétans est semblable, car ils creusent leurs puits en oblique et profondément et, en ce qui <u>concerne les courants d'eau qu'ils rencontrent dans les puits, ils les pompent à l'aide de la vis égyptienne</u>.***

Les Égyptiens, qui étaient très religieux, ont toujours construit leurs temples et lieux de culte, ainsi que des stèles commémoratives près de chaque mine. On trouve exactement la même pratique près de mines situées en dehors de l'Égypte, comme dans la péninsule Ibérique où l'on a extrait l'argent, le cuivre, etc., depuis des temps immémoriaux.

La mine antique de *Sarabit al-Khadim* dans le Sinaï est un exemple typique avec son petit temple dédié à Hathor et appelé *"la Dame de la Turquoise"*, qui est situé sur une haute terrasse rocheuse dominant la vallée depuis la 4e dynastie (2575-2465 avant notre ère) ou peut-être avant. Ce temple fut ensuite agrandi par les rois du Nouveau Royaume et plus particulièrement par *Twt Homosis III*. En face, sur au moins 800 m, se trouve une sorte d'avenue bordée de nombreuses stèles massives recouvertes d'inscriptions sur les quatre côtés, qui commémorent des expéditions minières. Dans l'ensemble du pays, on trouve également des stèles gravées sur d'autres sites miniers décrivant les travaux accomplis dans chaque mine.

Sur les sites miniers d'Ouadi–Magarah dans le Sinaï, on peut encore voir les cabanes en pierre des ouvriers, ainsi qu'un petit fort construit pour protéger les Égyptiens en place des attaques des bédouins du Sinaï. Il y avait un puits d'eau à proximité de ces mines et des citernes de taille appréciable dans le fort pour entreposer de l'eau. Les mines d'Ouadi-Magarah étaient intensément exploitées durant toute la période dynastique (3050-343 avant notre ère).

Des inscriptions, datant de la 19e dynastie, du temple de Redesieh situé dans le désert, relatent que le roi Séthi Ier (1333-1304 avant notre ère) commanda aux maçons de creuser un puits afin de fournir de l'eau pour les travaux de la mine et pour les ouvriers. Quand le puits fut terminé, un poste et "une ville avec un temple" furent construits. Ramsès II (1304-1237 avant notre ère), son successeur, initia des projets pour creuser d'autres puits le long des chemins menant à la mine où ils étaient nécessaires.

Chaque site minier était conçu et planifié à l'aide de plans dessinés. Deux papyrus antiques ont été trouvés et comprennent des cartes du site concernant l'extraction d'or durant les règnes des pharaons Séthi Ier et Ramsès II. Un papyrus, qui est partiellement conservé, représente la zone où se trouvait l'or dans les montagnes de *Bekhen* situées dans le désert arabique ; il date de l'époque de Ramsès II. Le plan du site trouvé sur le papyrus décrit deux vallées parallèles situées entre les montagnes. L'une d'entre elles, comme la plupart des vallées les plus importantes du désert, est recouverte d'un soubassement en bois et de blocs de pierre pour contrôler l'érosion du sol due au ruissellement de surface. Le plan élaboré du site montre les détails principaux tels que : le réseau de voies sur le site et ses connexions avec le système de chemins extérieurs, ainsi qu'avec les "voies menant à la mer". Le plan indique aussi les zones de traitement des minerais (comme le lavage, etc.), les petites maisons, les aires de stockage, des bâtiments variés, un petit temple, une citerne d'eau, etc. Des champs de culture sont représentés dans la zone entourant la mine, qui alimentaient la colonie de mineurs.

Les archives antiques indiquent aussi les différentes divisions et spécialités de la force de travail des sites miniers.

Les archives antiques décrivent la structure organisationnelle des opérations minières. Elles indiquent les noms et les titres de responsables divers qui, durant l'Ancien et le Moyen Royaumes, dirigeaient les travaux des mines de Bekhen à Ouadi Hammamat dans le désert arabique. Cela incluait des ingénieurs, des mineurs, des forgerons, des maçons, des architectes, des artistes, des chargés de la sécurité et des capitaines de bateau qui veillaient au bon état des parties des navires qui étaient réassemblées une fois que l'expédition avait atteint des eaux navigables.

Les minerais étaient traités sur le site avant d'être transportés par voies terrestre et fluviale par le Nil, sous bonne garde, jusqu'aux régions peuplées du pays.

En Égypte, les activités minières étaient très bien organisées avec des personnes faisant des allers et venues pour contrôler le travail sur le site, pour s'assurer de la bonne rentabilité des opérations et pour organiser une rotation fréquente du personnel sur les sites miniers, ainsi que pour fournir des équipements à ces sites fortifiés. Sous le règne du roi Pépi Ier [2289-2255 avant notre ère], les documents indiquent le nom du directeur des carrières, ainsi que les titres et les noms des hauts responsables qui effectuaient des visites d'inspection des sites. Les inscriptions mentionnent beaucoup de titres comme : "le superintendant en chef de tous les travaux" et "l'architecte en chef". Cet homme important finançait deux visites d'inspection à Ouadi Hammamat, une avec son adjoint et une autre, quand il était question de textes religieux sur les murs du temple, avec le superintendant des commissions des lieux de sacrifices.

Un document datant du règne de Ramsès IV [1163-1156 avant notre ère] fournit un rapport sur une expédition à la montagne de Bekhen dans le désert arabique, sous la direction du "superintendant des travaux". Dans son ensemble, l'expédition comptait 8 328 personnes. Parmi ces hommes, on trouvait plus de 50 responsables civils et des ecclésiastiques, ainsi que 200 responsables de différents départements. Les travaux de terrain étaient accomplis par des mineurs, des maçons et d'autres employés connexes. Ils travaillaient sous les ordres de trois superintendants et du "superintendant en chef". Le chantier était réalisé par 5 000 mineurs, forgerons, maçons, etc. et comprenait environ 2 000 sortes de tâches. Il y avait au moins 110 officiers qui supervisaient 800 mercenaires barbares employés pour la sécurité. Ces forces de sécurité étaient nécessaires pour protéger les sites miniers, ainsi que le personnel et les matériaux. La gestion de ce grand nombre de personnes est incroyable, 8 368 personnes correspondent à la taille d'une grande communauté, même actuellement.

Les Égyptiens anciens recherchaient des matériaux d'autres pays et utilisaient l'expérience qu'ils avaient acquise chez eux pour explorer, extraire et transporter les matériaux de toutes les zones du monde habité. Des traces de l'activité minière de l'ancienne Égypte s'observent dans de nombreuses régions comme l'Ibérie.

La technologie est par définition la méthode technique permettant de réaliser des objectifs concrets. La plupart des historiens et des universitaires s'accordent sur les aspects pratiques et pragmatiques des Égyptiens anciens et *Baladi*. Voici un survol de quelques réalisations technologiques.

Le verrou Yale : en 1848, Linus Yale est supposé avoir inventé le verrou cylindrique à broche et son nom est devenu un terme générique pour ce type de serrure. L'invention de Yale était une réinvention du mécanisme similaire de l'ancienne Égypte, couramment employé pour les serrures des maisons, il y a des milliers d'années.

Les Égyptiens employaient le **soufflet** dont un exemplaire est représenté dans la tombe de *Twt Homosis III*. Il était composé d'un sac de cuir fixé à un cadre duquel sortait une longue pipe rallongée pour ventiler le feu. On actionnait le soufflet avec le pied. En observant la peinture, on a constaté que lorsque l'homme ne maniait pas le soufflet, celui-ci ne se dégonflait pas, ce qui indiquerait que les Égyptiens anciens connaissaient la valve.

Les **siphons** furent aussi inventés en Égypte au moins pendant le règne d'Amenhotep II (1500 avant notre ère).

Dans une tombe de Louxor (Thèbes), portant le nom d'Amenhotep, on peut voir un prêtre versant un liquide dans quelques vases et un autre le soutirant en portant à sa bouche le siphon et le versant dans un grand vase. Des scènes semblables sont visibles dans les peintures de la tombe de Ramsès III. Héron d'Alexandrie, un écrivain notable de l'époque de Ptolémée Évergète II, signalait que les Égyptiens employaient des siphons comme machines hydrauliques à grande échelle pour drainer des terrains ou transporter de l'eau d'une vallée à une autre en passant par-dessus une colline.

Ils ont aussi inventé les seringues, qu'ils employaient pour injecter des liquides dans la tête et le corps des momies durant l'embaumement. Ils étaient également célèbres dans le monde entier pour leurs pompes. La pompe était appelée simplement la vis égyptienne par Strabon et par d'autres de cette époque.

L'invention des digues fut suivie ou concomitante de celle des écluses et de tous ses mécanismes. Celles-ci étaient indispensables dans la régulation des apports d'eau aux champs. Beaucoup de connaissances scientifiques étaient requises pour actionner les écluses de telle sorte que seule la quantité d'eau définie préalablement était apportée au terrain choisi.

Les Égyptiens avaient connaissance de la **poulie** comme le prouve celle qui a été trouvée et qui est maintenant exposée au musée de Leiden.

Chapitre 15 : Les infrastructures de transport

15.1 GÉNÉRALITÉS

Le transport des gens, des minéraux et des marchandises entre l'ancienne Égypte et les contrées lointaines était beaucoup plus important et courant qu'on ne l'imagine habituellement. Les mers ne constituaient pas des barrières mais plutôt des autoroutes pour un commerce international intensif. Le transport maritime et fluvial a été (et il l'est toujours) le moyen le plus sûr, le plus économique et le plus efficace de voyager, à la fois pour les gens comme pour les marchandises. Le transport terrestre est un complément pour les marchandises importantes/volumineuses.

Les Égyptiens anciens avaient les moyens de voyager en haute mer, grâce à un nombre important de bateaux de grande qualité. Ils possédaient aussi les connaissances géographiques pour voyager en pleine mer. Les preuves démontrent que leurs moyens et leur savoir leur permettaient d'atteindre les pays les plus éloignés de la terre. Les pages suivantes décrivent en détail l'abondance de navires de grande qualité et la connaissance des voyages en haute mer des anciens Égyptiens.

Antérieurement, nous avons expliqué leur connaissance des étoiles et de la surface de la Terre (y compris les surfaces recouvertes d'eau).

15.2 LES NAVIRES ÉGYPTIENS

L'Égypte antique possédait les moyens, les connaissances, le matériel et l'expérience pour transporter les personnes et les marchandises par voies maritime et terrestre. La qualité des navires de l'Antiquité était parfaitement reconnue et appréciée quand la barque de Khufu (Khéops), âgée de 4 500 ans, fut découverte près de la Grande Pyramide de Gizeh durant les années 70. Cette barque, aujourd'hui exposée dans un musée, est supérieure et beaucoup plus navigable que le *Santa Maria* de Christophe Colomb, le *Mayflower* ou les navires des Vikings. Les preuves matérielles indiquent clairement que les Égyptiens étaient capables de naviguer en haute mer. Un peu plus loin, des détails seront apportés sur des bateaux possédant des dimensions supérieures à celles du navire de Khéops.

La barque de Khéops est l'un des plus grands navires de l'Antiquité ayant été découverts à ce jour. Le plus long des bateaux vikings découvert en Europe mesurait environ 30 m alors que la barque de Khéops fait 43,40 m. Elle a une largeur de 5,90 m et une hauteur de coque de 1,75 m, et son déplacement est de plus de 40 tonnes. La proue, qui est faite d'une botte de papyrus, fait environ 6 m et la poupe s'élève à 7 m. Son gouvernail est composé de deux grosses rames. Le bateau possède plusieurs cabines sur le pont. Quelques indices prouvent que la barque de Khéops a été utilisée. Des marques provoquées par le frottement entre les cordes et la coque sont bien visibles en différents endroits.

Le bateau est composé de plusieurs pièces de bois qui sont assemblées par des cordes. Avec l'humidité, les cordes rétrécissent et le bois se dilate. Ces deux phénomènes conjugués procuraient un scellement ferme et sûr qui rendait l'emploi de clous inutile. Cette méthode de construction permettait de démonter le navire et de transporter les pièces par voie terrestre jusqu'à atteindre une voie fluviale sûre et navigable. Cette technique ingénieuse de construction donnait la possibilité aux anciens

Égyptiens de s'enfoncer dans les terres. De nombreux papyrus de toutes les époques de l'Antiquité attestent de cette méthode de voyage terre/mer.

Les anciens Égyptiens étaient célèbres pour la construction des bateaux dans l'ensemble du bassin méditerranéen, alors que les fûts nécessaires aux travaux de charpenterie de taille importante et à la construction des navires n'étaient pas disponibles en Égypte. Les Égyptiens anciens possédaient une flotte importante à en juger par les énormes quantités de bois qu'ils importaient de Phénicie. Le besoin en fournitures de bois explique, au moins en partie, l'importance d'une implantation permanente, un genre de protectorat, pour les Égyptiens en Phénicie depuis les premiers jours de l'Ancien Royaume (2575 avant notre ère).

Les Égyptiens construisirent toute une série de bateaux spécifiques, bien adaptés à différents usages, ainsi qu'à la géographie et au climat pour le transport des personnes et des marchandises. Les navires égyptiens naviguaient sur les eaux du Nil comme en pleine mer depuis les temps les plus reculés. Les gabarits variaient considérablement ; certains étaient énormes. Diodore mentionne l'un d'entre eux, construit dans du bois de cèdre sous le règne de Sésostris, qui mesurait 140 m. Les anciens Égyptiens connaissaient tous les types de vaisseaux commerciaux et militaires, voici plus de 5 000 ans, qui transportaient les marchandises aux côtes du nord de la Bretagne, de l'Irlande et de l'Europe. C'était bien avant que les Phéniciens deviennent des marins durant le premier millénaire avant notre ère.

À une époque très ancienne, la construction de navires était intense. Même à l'époque de l'Ancien Royaume (2575-2150 avant notre ère), ils construisaient des bateaux de grandes dimensions, car nous avons entendu parler d'un grand navire en bois d'acacia de 60 *coudées* de long et de 30 *coudées* de large… c'est-à-dire près de 30,50 m de long et 15,25 m de large. Un navire d'une telle taille était assemblé en 17 jours.

Les illustrations de l'Ancien Royaume représentent différents types de bateau comme des navires carrés, des bateaux à étrave, des remorqueurs, etc. Chaque sorte est adaptée à certaines fonctions/situations. Plusieurs modèles de bateau étaient employés dans les ports comme *Canope* (avant que ce ne soit Alexandrie) pour accomplir les activités du port. En plus des navires de fret, il y avait aussi de petits bateaux particuliers qu'on utilisait pour transporter de faibles charges.

Il existait de très grands navires de marchandises employés pour transporter les céréales, des pierres, des briques et même les obélisques géants qui étaient taillés à partir d'un seul bloc dans les carrières d'Assouan. On les emmenait par le Nil jusqu'au site du temple à Louxor et ailleurs.

Presque tous les bateaux étaient conçus pour naviguer à l'aide de voiles ou de rames. Quand il n'était pas possible d'utiliser les voiles, à cause de vents contraires ou des contraintes de navigation dans les canaux, les marins utilisaient des techniques de halage à l'aide de cordes et avec de plus petites embarcations. Aussi, les navires qui devaient emmener des marchandises imposantes étaient halés soit par des hommes, soit par d'autres bateaux, car ils étaient trop lourds pour se déplacer seuls. Par conséquent et même durant l'Ancien Royaume, la plupart des navires étaient fournis avec un mât résistant pour y attacher une corde de halage. De nombreux bateaux de halage étaient équipés de mâts courts et perpendiculaires à chaque extrémité pour la corde de halage. Comme tous les vaisseaux de l'Ancien Royaume, ils étaient guidés par de longues rames. Ce type d'embarcations était employé dans le transport des blocs (c'est-à-dire qu'il pouvait emmener des poids énormes) chargés depuis les carrières.

Les gouvernails de la plupart des bateaux d'Égypte depuis l'Ancien Royaume étaient constitués de deux grosses rames.

Tout au long de l'histoire égyptienne, la plupart des navires étaient décorés et parés de grandes peintures sur la partie avant. La poupe ressemblait à une fleur de lotus géante, le tranchant des rames du gouvernail à un bouquet de fleurs et le manche était sculpté dans la forme de la tête d'un *neter* (divinité masculine).

Les anciens Égyptiens possédaient aussi une flotte navale dont la taille variait selon les besoins défensifs en haute mer pendant les différentes périodes de l'histoire du pays. Des navires spécifiques étaient construits pour le combat. Hérodote et Diodore mentionnent tous deux la flotte de longs vaisseaux, des navires de guerre, armés par Sésostris dans le Golfe d'Arabie. Ils étaient au nombre de 400 et il y a tout lieu de croire que le commerce et sa protection par les navires de guerre existait là-bas, déjà au moins à l'époque de la 12e dynastie, voici 4 000 ans.

Les galères (navires de guerre), employées pour protéger la flotte commerciale contre les pirates des mers en dehors de l'Égypte, étaient différentes de celles du Nil. La proue et la poupe étaient plus basses. Sur chaque côté, il y avait un bastingage en bois sur toute la longueur du navire qui protégeait les rameurs des projectiles ennemis. Les manches des rames passaient par une ouverture dans la partie basse.

15.3 LES PRINCIPAUX PORTS CÔTIERS D'ÉGYPTE

Les navires commerciaux de haute mer avaient à leur disposition plusieurs ports, des points de repère terrestres et maritimes, des installations de chargement et de déchargement, des points d'eau fraîche, des aires de repos et des équipements d'accueil. Plusieurs itinéraires, qui longeaient les installations, pouvaient être empruntés pour rejoindre les ports et les centres urbains situés le long du Nil.

La situation stratégique des voies maritimes et fluviales égyptiennes facilitait le commerce avec les trois continents dynamiques d'alors que sont l'Europe, l'Asie et l'Afrique. Des canaux de navigation construits par l'homme assuraient l'accès entre la

Méditerranée au niveau de *Canope* (Alexandrie) et le canal navigable du Nil. Un autre canal navigable reliait le Nil à l'extrémité nord du Golfe de Suez, permettant l'accès à la mer Rouge, à l'Afrique, à l'Inde et à l'Est.

En plus des ports fréquents situés le long du Nil, il y en avait/a d'autres le long des côtes égyptiennes de la mer Rouge et de la Méditerranée. Ces ports assuraient le transport des gens et des marchandises vers et depuis tous les continents.

Toutes ces infrastructures de transport (maritime et terrestre) existaient avant les Grecs et les Romains. Les académiciens occidentaux aiment donner des noms à consonance grecque à ces ports de l'ancienne Égypte, afin de justifier (faussement) le génie européen, au nom des Grecs et des Romains.

Nous allons maintenant faire un survol des principaux ports de l'Antiquité situés le long des côtes égyptiennes des mers Rouge et Méditerranée.

<u>Le port du Grand *Canope*</u> (Alexandrie avant Alexandre) était la *Fille des Mers*.

La ville métropolitaine actuelle d'Alexandrie s'appelait *Canope* autrefois, même bien après la mort d'Alexandre en 323 avant notre ère. La région de *Canope* est très étendue et ancienne, elle s'étend sur environ 30 km depuis l'embouchure à l'extrémité est, jusqu'aux ports de *Pharos* à son extrémité ouest. C'était déjà une région portuaire bien établie avec plusieurs temples fabuleux, bien avant l'arrivée d'Alexandre. De nombreux textes parlent de l'importance de la région et de ses quartiers/villes, même avant l'historien grec Hérodote.

L'immense site antique de la région du Grand *Canope* incluait plusieurs quartiers (villes), plusieurs ports en eau profonde, des canaux navigables pour contourner les mers déchaînées et le comblement du Nil à l'embouchure du delta, des points d'eau alimentés par les canaux, ainsi que de nombreux temples dédiés aux *neteru* (dieux, déesses) d'Égypte tels que Héraclès, Apis, Isis, etc.

Les magnifiques ports de la région de *Canope* absorbaient un volume immense du commerce maritime avec le monde méditerranéen et faisaient aussi de *Canope* un centre de construction navale important. Au cours de l'histoire de l'ancien monde, *Canope* est restée la ville commerciale la plus importante de la zone méditerranéenne. Son emplacement stratégique assurait l'accès, non seulement au bassin méditerranéen, mais aussi à la vallée du Nil, qui était elle-même en commerce avec l'Est via la mer Rouge. L'importance de *Canope* est bien décrite dans l'hommage de Dion de Pruse (Dion Chrysostome) :

> ***Non seulement vous avez le monopole de la navigation dans la Méditerranée entière grâce à la beauté de vos ports****, l'ampleur de votre flotte, l'abondance des produits de chaque région et la publicité qui en est faite, mais les mers qui sont au-delà vous appartiennent, à la fois la mer Rouge et l'océan Indien... Le résultat est que le commerce, non seulement des îles, des ports, de quelques détroits et d'isthmes, mais pratiquement du monde entier, vous appartient. **Parce que Canope est située, en quelque sorte, à la croisée des routes du monde entier...***

La ramification du delta située la plus à l'ouest, la ramification de *Canope* (l'une des sept ramifications que compte le delta du Nil), est historiquement la plus importante. Hérodote entra en Égypte par ce passage en l'an 450 avant notre ère, mais Strabon arriva en l'an 24 avant notre ère au port de *Pharos*, situé à l'extrémité ouest de la région du Grand *Canope*.

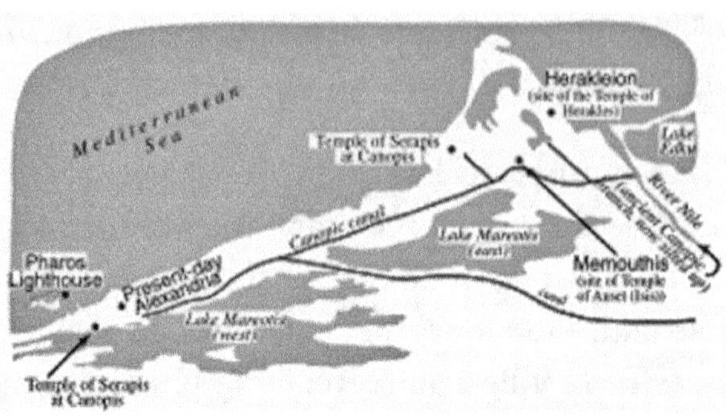

[Schéma de la région du Grand *Canope* pendant l'ère pharaonique]

Les monuments religieux de la région du Grand *Canope* durant l'Antiquité furent ravagés par les premiers chrétiens, puis les Arabes nomades terminèrent le sale boulot au VIIe siècle. Un manque d'entretien du littoral laissa les vagues détruire les anciens sites. Les ruines de ces grands monuments sont maintenant révélées grâce à l'archéologie sous-marine ; dans ces deux zones, on trouve plusieurs inscriptions provenant de différents pharaons tels que Séthi Ier.

Dans la première zone se trouve la ville d'Héraklion, qui tient son nom du magnifique temple d'Héraclès, et qui était un centre économique important. Hérodote fit une description de ce temple somptueux. Dans les eaux voisines de cette zone, les archéologues découvrirent d'énormes édifices et des têtes appartenant à des statues pharaoniques de rois d'environ 4 m de haut, ainsi que les vestiges de centaines de piliers en granite appartenant à des temples.

Dans la seconde zone se trouve la ville de Ménouthis, qui est située à environ 4 km d'Héraklion. Une aire de la ville d'à peu près 500 m sur 700 m a été découverte sous les eaux. On y voit des piliers démolis, des sphinx et des statues, les têtes de rois et de *neteru* (dieux, déesses). Certaines statues mesurent jusqu'à 4 m de haut et celles des sphinx représentent les rois de plusieurs périodes pharaoniques.

À l'extrémité ouest de la région du Grand *Canope,* se trouve le port en eau profonde de *Pharos,* formé par une île rocheuse et d'environ 1,5 km de long. La réputation de ce port fut mentionnée par Homère dans *l'Iliade,* ainsi que son fameux phare, l'une des sept merveilles du monde antique.

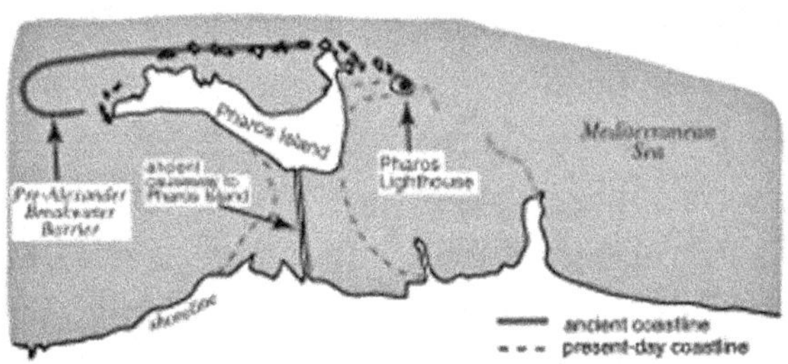

En 1915, des excavations sous-marines près de l'île de *Pharos* révélèrent les vestiges de quais immenses, d'une digue et d'un port s'étendant du nord au sud de l'île. Les pierres du port étaient énormes et pesaient plusieurs tonnes. L'ampleur des quais indique l'importance du commerce maritime de l'île de *Pharos.*

Ce port, situé le plus à l'ouest, servait d'escale avant l'entrée en Égypte par l'embouchure du Nil qui mesurait environ 30 km de large. Selon Hérodote, tous les navires devaient entrer dans le pays par la ramification de *Canope* où les droits de douane étaient prélevés.

Il n'existe pas de preuve historique pour étayer l'idée qu'à l'époque d'Alexandre, il y avait une chaussée qui reliait l'île de *Pharos* à la côte près de *Rhakôtis.* Tout indique que la chaussée existait avant l'arrivée d'Alexandre et qu'elle était régulièrement entretenue et élargie. Cette langue de terre divisait le plan d'eau situé au sud de l'île de *Pharos* en deux plans d'eau spacieux.

<u>La côte de la mer Rouge</u> a eu plusieurs ports que l'on appelle par des "noms à consonance grecque", même s'ils existaient bien avant l'ère gréco-romaine. Plusieurs routes, comprenant des équipements d'accueil, reliaient ces ports à la vallée du Nil. Voici une liste des ports principaux sur la côte de la mer Rouge :

1. **Suez (*Arsinoe*)**, située à l'extrémité nord de la mer Rouge. Elle fut reliée au delta du Nil par une série de lacs naturels et de canaux de navigation construits par l'homme.

2. **Hurghada (*Myos Hormos*)** est un vaste port. Il possédait/ possède un apport d'eau fraîche (provenant de puits) pour répondre à la demande de la ville et des navires. En plus d'assister les voyageurs qui vont ou qui viennent de l'Est, ce port reliait les mines du Sinaï avec Charm el-Cheikh située à quelques encablures. Plusieurs routes s'unissaient aux portes de la ville, depuis Bérénice et Port Safaga (*Philoteras*) au sud, depuis **Suez (*Arsinoe*)** au nord, depuis Coptos à l'ouest, des zones d'accueil fournissaient aux voyageurs (qui allaient ou qui revenaient du Nil) de l'eau et d'autres produits de nécessité.

3. **Safaga (*Philoteras*)** est un port important et une ville situés à 53 km au sud d'Hurghada.

4. **Al-Qusair (Leucus Limen)** se trouve à 85 km au sud de Safaga et à 160 km à l'est de Coptos sur le Nil. C'était un centre de commerce et d'export dynamique.

5. **Bérénice** est à 290 km au sud de Al-Qusair. C'est un excellent port avec une ville étendue et un petit temple élégant : le temple de Sarapis. Il était relié à la vallée du Nil par plusieurs routes.

6. **Entre Al-Qusair et Bérénice il** existe de nombreux ports (le "Portus multi" de Pline), le long de la côte. Ils possèdent tous des points de repère pour guider les bateaux s'approchant de la côte rocheuse.

15.4 TRANSPORT TERRESTRE

Le transport de lourdes charges par mer ou par terre dans l'ancienne Égypte est décrit depuis des temps immémoriaux. Aussi existait-il un excellent réseau de routes – locales, régionales, nationales et internationales – équipé de points d'eau et d'alimentation, confortable et possédant des stations pour se reposer. Les systèmes de transport maritime et terrestre étaient intégrés et coordonnés pour un maximum d'efficacité et de productivité. L'association de ces systèmes était renforcée par les navires antiques qui pouvaient être démontés pour traverser des zones de terre (voir les pages antérieures concernant la barque de Khéops).

Les anciens Égyptiens transportaient toutes sortes de marchandises. Dans les archives des mines de l'ancienne Égypte, il est décrit en détail la manière de traiter les minerais sur le site avant de les transporter sous bonne garde, depuis les sites miniers du Sinaï et des déserts de l'est et de l'ouest jusqu'aux zones peuplées d'Égypte par la vallée du Nil.

La capacité des anciens Égyptiens à transporter des charges énormes par mer et par terre est évidente dans le cas du granite. Les carrières d'Assouan constituaient la seule source de granite du pays. On le taillait même durant l'Ancien Royaume [2575-2465 avant notre ère]. Certains blocs de granite du temple du roi Khéphren [2520-2494 avant notre ère] à proximité du grand sphinx, mesurent 4,26 m de long et ceux situés sous les architraves, dans le sanctuaire de Sobek dans le *Fayoum*, qui ont été construits par Amenemhat III [1844-1797 avant notre ère], ont même plus de 7,90 m de long. D'immenses blocs étaient taillés et transportés à l'aide de moyens particuliers sur terre, sur mer puis sur terre de nouveau, sur plusieurs centaines de kilomètres, depuis Assouan jusqu'au delta du Nil et *Canope* (ancienne Alexandrie). En résumé, l'ancienne Égypte possédait un réseau de routes imposant et d'impressionnants canaux de navigation dans tout le pays.

Parmi les obélisques de Thèbes, il y en a un qui fait 32,60 m de haut, alors qu'un papyrus parle d'un obélisque d'une des carrières d'Assouan qui mesurait 61 m. Ils sont surpassés en masse par la colossale statue de granite rose et qui était en position assise; désormais, elle est brisée et se trouve au Ramesséum [1304-1237 avant notre ère] à Louxor (Thèbes). Ce colosse fut taillé d'un seul bloc de 16,75 m de haut et d'une largeur correspondante. Selon une estimation, la statue pesait plus de 1 000 tonnes.

D'après ces récits, le lecteur comprendra à quel point les Égyptiens étaient capables de transporter en toute sécurité n'importe quel genre de cargaison et de chargement.

Les archives antiques depuis l'Ancien Royaume (2575-2150 avant notre ère) indiquent que de bonnes routes furent construites et étaient équipées de nombreuses stations d'accueil. Les plans de construction des voies étaient élaborés en tenant compte des pentes adéquates et de l'évacuation des eaux de pluie. La carte de la page suivante montre quelques-unes des routes les plus connues de l'ancienne Égypte qui étaient reliées à la populeuse vallée du Nil.

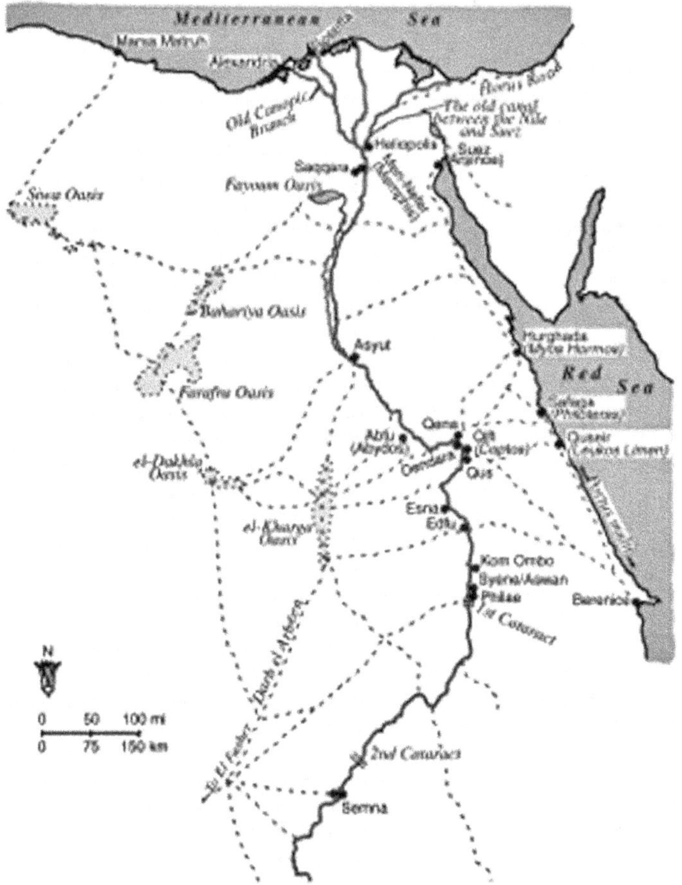

Les anciens Égyptiens profitaient de leur expertise pour améliorer la conception et la construction de réseaux routiers dans l'ensemble du monde connu. Ils équipaient ces routes pour qu'elles assurent aux caravanes des voyages sûrs et sans danger. Ainsi, plusieurs comptoirs commerciaux s'établirent le long de points stratégiques du réseau de circulation. On peut se rendre compte de l'influence égyptienne sur ces comptoirs dans tout le monde habité, en observant les ruines des petits temples, des stèles, etc. situées le long des routes. Quand l'Égypte antique fut aux prises avec les difficultés et les invasions étrangères, ces comptoirs souffrirent et certains disparurent.

Les anciens Égyptiens (selon le témoignage d'Hérodote) étaient le peuple le plus religieux de toutes les nations du monde. Ils croyaient en Un Dieu qui était représenté à travers les fonctions et les attributs de "Son" domaine. Ces attributs étaient appelés *neteru* (prononcé *net-er-u* ; au masculin singulier : *neter* et au féminin singulier : *netert*). Les croyances et pratiques religieuses relatives au voyage sur terre et sur mer étaient :

1. Les divinités avec des attributs particuliers qui étaient importantes pour le bien-être des voyageurs
2. Les sanctuaires et les temples des terres et du littoral avec des associations particulières pour les voyageurs
3. Les cérémonies ou actes religieux accomplis par les voyageurs concernant la sécurité du voyage

Les anciens Égyptiens, depuis des temps immémoriaux, avaient construit des temples et des lieux de culte consacrés à leurs patrons/divinités, sur les rives de leurs voies navigables aussi bien que sur les bords de leurs routes. Tous les voyageurs, comme leurs homologues classiques et modernes, faisaient différentes offrandes à leurs saints patrons/divinités dans ces lieux de culte. Ceux-ci permettaient d'établir un lien avec les protecteurs célestes des voyageurs pendant qu'ils étaient loin de chez eux, mais ils servaient également de points de repère pour la navigation et les points d'eau.

Voici une liste des divinités les plus connues en lien avec le voyage dans l'Égypte antique et qui furent adoptées par les Phéniciens et d'autres :

Reshpu (Reshef/Reshep) représente la nature sauvage et le voyage. Aussi, Reshpu (Reshep) apparaît mal rasé car c'était une coutume antique de ne pas se raser quand on voyageait. Cette tradition était bien connue des auteurs classiques grecs et romains comme Diodore, qui écrivait dans son *Livre I*, [2] :

C'est la raison pour laquelle des divinités masculines sont représentées avec la barbe et de longs cheveux, non parce qu'ils sont "Syriens", mais parce que ce sont des Égyptiens en voyage. De telles représentations de divinités masculines mal rasées étaient naturellement trouvées sur des lieux de culte à l'étranger, là où se déroulait le voyage.

Anat représente l'aspect maternel de la protection. Le symbole d'une mère protégeant ses enfants constitue la représentation la plus puissante. Un bon gardien est toujours prêt à dissuader toute menace extérieure. Par conséquent, Anat est représentée sous les traits d'une femme portant un bouclier et une hache. Elle est associée à *Sekhmet*, la *netert* à tête de lion (déesse), l'Intrépide. Anat est l'un des 10 000 aspects/attributs de la *Grande Mère netert* (déesse) *Isis*.

Hathor/Astarté – qui, comme d'autres divinités égyptiennes, est également connue sous les noms de Asera/Serah/Sarah, ce qui signifie *noble dame*. Afin de ne laisser aucun doute subsister quant à ses origines égyptiennes, Ashérah est toujours représentée dans sa forme égyptienne avec un croissant (lunaire) et un disque (solaire) sur sa coiffe. Hathor représente la matrice du principe métaphysique, spirituel, accordant nourriture spirituelle, guérison, joie, sexualité, musique et bonne humeur.

Hathor, comme symbole de nourriture spirituelle, joue aussi un rôle important dans les textes de transformation (funéraires) apportant nourriture et guidance spirituelles requises par l'âme du défunt lors de son voyage à travers la mer cosmique. En conséquence, Hathor/Ashérah est la sainte patronne égyptienne des voyageurs, des navigateurs. Il est donc logique qu'on la trouve dans ce rôle plus souvent en dehors d'Égypte. Un extrait du recueil des Textes des Sarcophages Égyptiens [texte des sarcophages numéro 61] datant du Moyen Royaume [2040-1783 avant notre ère] la décrit comme Het-Heru, *la Dame dont on dit qu'elle "tient les rames qui gouvernent [nos] barques".* C'est la raison pour laquelle on représente toujours le visage d'Hathor en plein au-dessus de la poupe des navires, où les deux gouvernails utilisés par les pilotes experts pour guider le navire, étaient montés.

Dans son rôle de guide des voyageurs, Hathor s'appelle Astarté, dont on trouvait les temples dans les cités frontières comme il sied à sa fonction de sainte patronne des voyageurs. Le rôle d'Astarté en Ancienne Égypte est bien documenté. À la lumière de fragments de l'époque de Ramsès II [1304-1237 avant notre ère], le rôle de protectrice des voyageurs en haute mer d'Astarté est évident. Dans un de ces fragments, son rôle de protectrice des marins est clairement énoncé :

...Vois, Astarté habite dans la région de la mer...

Sur un autre fragment, Rénénoutet s'adresse à Astarté :

Attends, si tu lui apportes une offrande, il serait courtois de ta part... Par conséquent, donne-lui son offrande en argent, en or, en lapis-lazuli et en... bois.

Et elle dit à l'Ennéade de *neteru* (dieux/déesses) :

...l'offrande à la mer ; puisse-t-elle nous entendre...

Hercule était le Seigneur égyptien du voyage.

Il y a plusieurs façons d'épeler le nom: Héraclès/Hercule/Horakles, qui est considéré d'une certaine manière comme un dieu/dieu-homme. Dans tous les cas, c'est un Égyptien de pure souche (il n'est pas grec) comme attesté par les auteurs classiques grecs tels qu'Hérodote, dans son *Livre II* [102], où il affirme catégoriquement que :

> **Les Égyptiens n'ont point emprunté des Grecs le nom d'Hercule, mais que ce sont les Grecs qui l'ont pris d'eux, et principalement ceux d'entre eux qui ont donné ce nom au fils d'Amphitryon, je m'arrêterai à ceux-ci : le père et la mère de cet Hercule, Amphitryon et Alcmène, étaient originaires d'Égypte.**

Hérodote, une fois de plus dans son Livre *II* [102], déclare ceci :

> **...Hercule est un dieu très ancien chez les Égyptiens ; et, comme ils le disent eux-mêmes, il est du nombre de ces douze dieux qui sont nés des huit dieux, dix-sept mille ans avant le règne d'Amasis.**

Diodore, dans son *Livre I*, [23-24, 1-8], confirme aussi qu'Héraclès est égyptien et que c'est lui qui construisit les piliers [23, 8-24, 1-8] :

> **Au fond, on a toujours accusé les Grecs de s'attribuer l'origine d'un assez grand nombre de dieux, de héros, et de colonies qui ne viennent point de chez eux [Diodore, I, 23-24, 1-8]. Hercule, par exemple, qui a laissé par toute la terre des traces de son courage et qui a planté dans l'Afrique ces fameuses colonnes, par où est-ce que les Grecs peuvent se l'approprier ? [Les colonnes d'Hercule sont décrites dans Livre IV, 18, 4-7.]...**

Hercule, au travers du récit de ses douze travaux aventureux, devint le symbole du voyageur intrépide, et on le trouve représenté avec force dans les haltes de voyage, les promontoires, les îles et les ports. Pausanias affirme clairement que la statue d'Hercule, qui fut trouvée dans les Hespérides à Cadix, vint d'Égypte sur un radeau de bois.

Chapitre 16 : L'économie de marché

16.1 L'ÉCONOMIE DE MARCHÉ

Les principes et la pratique de "l'économie de marché libre" actuelle, de "l'économie capitaliste", etc. existèrent dans l'ancienne Égypte sans avoir eu besoin d'employer un "terme pompeux" comme à notre époque. La société entière avait conscience de l'interdépendance de tous les groupes qui la composaient. Un échange dynamique de biens et de services se développa entre les individus et les groupes, soit directement, soit par l'intermédiaire de courtiers et de négociants qui étaient aussi capables d'élargir les activités entre les différentes communautés. De plus, l'excellente production agricole du pays permit et stimula le développement de nombreuses villes. Ces centres attirèrent les industries du textile, de la céramique, du verre, des métaux, du bois et du cuir, des fabriques de lin, de teintures, de tanneurs, de charpentiers, de meubles, d'artisanat, etc. Ces centres industriels étaient très dynamiques.

Biens et services s'échangeaient dans des lieux divers. Les places de marché permettaient d'échanger et d'acheter des marchandises. Il existait des marchés hebdomadaires/saisonniers qui étaient organisés localement ou/et régionalement afin d'acheter des produits d'autres zones du pays.

Les tombes antiques de Saqqarah nous montrent des scènes de la vie quotidienne d'un marché durant l'Ancien Royaume. On voit un poissonnier nettoyant un grand poisson tout en négociant le prix avec une cliente. Celle-ci apporte une boîte contenant des objets pour faire du troc, alors qu'elle discute du prix avec le vendeur. À côté, un autre commerçant propose des onguents. Un autre encore vend des choses qui ressemblent à des gâteaux. Des affaires se font avec le marchand de légumes. Un autre négociant est accroupi devant son panier décoré de rouge et de bleu et discute avec un acheteur potentiel. Pendant l'ère du Nouveau Royaume, comme dans la tombe de *Cha'emhet*, le superintendant des greniers à grains d'Amenhotep III, on voit une scène similaire. On distingue de grands bateaux qui ont apporté des marchandises en cours de déchargement dans le port de Louxor (Thèbes). Les marins sont occupés à décharger la cargaison tandis que d'autres ainsi que des voyageurs achètent plusieurs produits aux commerçants.

Le commerce intérieur de l'Égypte fleurissait grâce aux échanges et aux affaires faites avec les pays étrangers.

Exportations et importations se marchandaient au prix de gros sur les points de vente situés aux entrées vers la vallée du Nil. Un exemple est l'île Éléphantine où les Égyptiens anciens échangeaient les produits du pays, ainsi que les marchandises qu'ils avaient obtenues des communautés vivant plus au sud. (Plusieurs exemples sont décrits dans les chapitres précédents consacrés au transport terrestre et aux ports importants de la côte égyptienne).

16.2 TRANSACTIONS COMMERCIALES

Il y a quelques années, un prix Nobel fut attribué à un économiste américain qui considérait qu'une "société sans argent liquide" était le moyen le plus efficace pour effectuer des transactions commerciales. C'est amusant car dans l'ancienne Égypte, biens et services étaient échangés sur la base du troc, ils commerçaient sans utiliser d'argent. Le troc exige qu'un objet de référence ayant une valeur reconnue soit employé comme instrument de mesure des marchandises et des services échangés. Cette référence peut être n'importe quelle chose que les parties acceptent. Ainsi, l'acheteur et le vendeur comparent la valeur de marché de leurs marchandises à un produit courant. Dans le commerce international actuel, ce produit est l'or ou le dollar, etc. Il n'est donc pas échangé entre les parties, excepté pour une faible somme afin d'ajuster de légères différences entre les valeurs des biens/services.

Plusieurs contrats antiques qui ont été récupérés montrent les termes et les détails des accords de troc entre des parties impliquées dans des échanges de biens et de services. Un bon exemple est celui des contrats de *Hepd'efae* retrouvé à Assiout et datant du Moyen Royaume (2040-1783 avant notre ère). Ils révèlent qu'il était possible d'effectuer des transactions commerciales complexes avec ces conditions de paiement. [Les détails peuvent être trouvés dans le livre d'Erman *Life in Ancient Egypt*, pages 494-8.]

Concernant les transactions qui ne pouvaient être réalisées sous forme de troc, les Égyptiens utilisaient des pièces. Dans l'Égypte antique, leur emploi était limité : la plupart du temps, c'était pour payer les mercenaires étrangers qui pouvaient envoyer leur argent chez eux ou l'emmener avec eux dans leur pays. Là-bas, ils pouvaient les échanger contre des biens et des services.

Les termes employés pour les sommes d'argent l'étaient aussi pour les poids. De même en Grande-Bretagne, le terme *livre* est une unité de poids comme d'argent. Chez les Hébreux, nous trouvons le terme *shekel/sheqel* pour nommer l'argent, qui est phonétiquement très proche du mot égyptien (et arabe) *theqel,* qui signifie poids/argent.

Les pièces de l'Égypte antique avaient la forme d'anneaux en or, argent et cuivre, avec des poids spécifiques qui étaient certifiés par des spécialistes. Le mot pour sceau/cachet et anneau est identique dans la langue égyptienne. Tous les poids étaient mesurés et certifiés. Des pièces d'or sont illustrées dans les peintures des tombes du règne de Twt Homosis III [1490-1436 avant notre ère]. Des documents furent retrouvés de l'époque d'Amenhotep II [1436-1413 avant notre ère], indiquant que les valeurs de différents articles étaient exprimées en pièces de métal (or, argent et cuivre dont le poids avait une valeur définie) qui étaient employées comme moyen d'échange durant la période ramesside.

Le concept de la pesée était important et courant pour les Égyptiens anciens et *Baladi,* il s'appliquait à tous les aspects de la vie. On trouvait des balances partout, pour l'achat de légumes ou pour exprimer les harmoniques, pour des livrets de poésie, jusqu'à la balance de la Justice qui était dépeinte dans la scène du Jugement Dernier. De même de nos jours, le mot anglais *scale* est employé pour la pesée de produits comme pour nommer l'échelle musicale.

Des peintures des tombes antiques montrent des peseurs publics et des notaires, dans la rue ou au marché, certifiant le poids exact de chaque chose qu'on leur demandait de mesurer à l'aide de leur balance portable. Ils agissaient comme représentants officiels, avec un strict souci de justice, sans favoriser le vendeur ou l'acheteur.

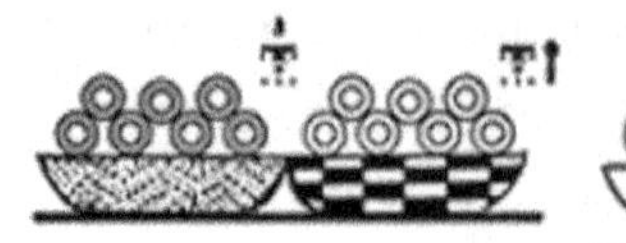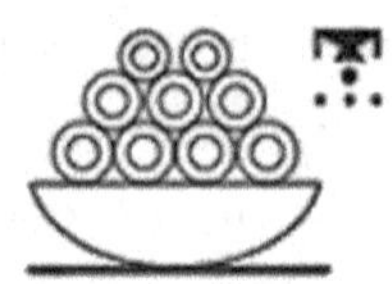

[Anneaux d'or et d'argent retirés de tombes de Ta-Apet (Thèbes)]

[Certification officielle des pesées au marché]

Un scribe ou un notaire est représenté en train d'écrire le poids, quel que soit le produit que cela pouvait être, ce document était donné ou montré aux parties.

La même coutume est toujours pratiquée par les *Baladi* qui font appel aux balances du *kabbaneh* public qui mesure et certifie la précision des poids, puis les valeurs sont transcrites sur un document qui est donné aux parties.

16.3 LES EXPORTATIONS ÉGYPTIENNES (BIENS ET SERVICES)

La réputation de l'Égypte dans l'Ancien Monde en faisait une source de savoir-faire dans tous les aspects de la vie, comme nous l'avons expliqué tout au long de ce livre. D'autre part, les produits agricoles et manufacturés de toute sorte étaient mondialement recherchés. La qualité de n'importe quelle marchandise d'Égypte, plus spécialement le verre, les tissus, les produits luxueux et les papyrus, trouvait des marchés conquis à l'est comme à l'ouest. Dans ce dernier cas, les échanges commerciaux continuèrent pendant des siècles après l'invasion arabe en l'an 639 de notre ère.

Des bouteilles de toutes sortes : verre, porcelaine, albâtre et d'autres matériaux, certains contenants de nombreuses couleurs, étaient exportées fréquemment vers d'autres pays. Les Grecs, les Étrusques et les Romains les considéraient comme des produits de luxe ; on les prisait comme éléments de décoration pour la table à cause de leur qualité remarquable. Quand l'Égypte devint une province romaine, une partie du tribut annuel payé aux conquérants romains était constituée de vases de verre. Il est imprudent et faux de considérer les objets possédés par les Romains (autrement dit les "butins de guerre" et autres tributs) comme ayant été fabriqués par eux !

La verrerie égyptienne, en particulier, était d'une grande finesse, comme le signala Strabon. Les bouteilles en verre aux multiples couleurs étaient très demandées ; elles étaient exportées vers d'autres pays. La plupart des modèles retrouvés en Grèce, en Étrurie et à Rome étaient en fait fabriqués en Égypte.

D'autres produits exportés de grande qualité comprenaient des glaces teintées de différentes nuances, des émeraudes artificielles, des améthystes et d'autres pierres précieuses.

Les vases qui étaient exportés depuis l'ancienne Égypte étaient très nombreux et variés au niveau de la forme, de la taille et des matériaux employés (pierre, albâtre, verre, ivoire, os, porcelaine, bronze, laiton, argent, or, poteries en céramique ou en terre cuite). Ces matériaux possédaient des formes superbes, une ornementation élaborée et une qualité supérieure. Les dessins des vases et des poteries peintes représentaient différents styles : décoration florale, figuratif, géométrique ou une combinaison des deux ou des trois genres, comme décrit ci-dessous :

Les coupes d'or et d'argent étaient souvent joliment gravées et serties de pierres précieuses. Parmi celles-ci, nous pouvons reconnaître l'émeraude verte, l'améthyste pourpre et d'autres gemmes. Quand la tête d'un animal décorait les poignées, les yeux étaient fréquemment constitués de ces pierres, sauf quand on employait l'émail ou une composition de couleurs comme substitut. Beaucoup de vases d'ornement, ainsi que ceux qui avaient un usage commun, possédaient des formes très élégantes. Ils ressemblaient fortement aux produits des meilleures époques de l'ancienne Grèce, à la fois au niveau de leur forme comme des éléments sophistiqués qui les décoraient, au point que certains pouvaient même imaginer que ces formes avaient été empruntées aux Grecs. En fait, elles étaient purement égyptiennes et avaient été adoptées dans toute la vallée du Nil, bien avant qu'elles ne fussent arrivées en Grèce. C'est un fait parfaitement connu par ceux qui s'intéressent aux monuments égyptiens d'une époque reculée et aux peintures qui les représentent.

16.4 LES IMPORTATIONS ÉGYPTIENNES

En contrepartie des exportations de biens et de services de grande qualité, l'ancienne Égypte importait des produits et des matériaux qui n'existaient pas dans le pays. Les besoins d'une société civilisée comme celle-ci n'étaient pas entièrement satisfaits par la seule production égyptienne.

Le Nil procurait un accès à l'Afrique. Assouan était un comptoir commercial majeur pour les échanges avec ce continent. La reproduction de la scène du temple de Ramsès II de *Beit el-Wali* à *Kush* montre clairement quels étaient les produits que les Égyptiens étaient habitués à importer de l'intérieur de l'Afrique. Ils rapportaient des léopards, des peaux de panthère, des girafes, des singes, du bétail sélectionné, des antilopes, des gazelles, des lions, de l'ivoire, du bois d'ébène, des plumes et des œufs d'autruche, etc.

L'Égypte importait d'autres produits d'Afrique comme : du bois, de la gomme, de l'encens, de la cornaline (une pierre prisée pour la joaillerie et les pointes de flèches), de l'hématite (rouge ocre), de l'amazonite, des parfums, des huiles et des chiens. [Pour plus d'informations sur les routes commerciales et les marchandises, lire le livre en anglais intitulé *Exiled Egyptians: The Heart of Africa*, de M. Gadalla]

La mer Méditerranée permettait l'accès aux pays de la partie est du bassin méditerranéen, à l'Europe et même au nord de l'Europe ainsi qu'aux Amériques.

Le bois d'œuvre permettant de fabriquer des charpentes imposantes ou des bateaux était importé de Phénicie (Liban).

Les Égyptiens anciens consommaient de grandes quantités de minerais qui n'existaient pas dans la partie est de la région méditerranéenne, mais seulement en Ibérie. Cuivre, argent, étain, etc., étaient importés de ce pays (Espagne et Portugal) et/ou de Bretagne.

Un papyrus antique du Moyen Royaume, appelé papyrus de Saint-Pétersbourg, indique que les Égyptiens voyagèrent sur les mers pendant longtemps, afin de récupérer des matières premières et des minerais. Certains passages du papyrus relatent les faits suivants :

> *Je voyageais vers les mines de lieux éloignés et j'avais pris la mer à bord d'un bateau qui faisait 150 coudées [79 m] de long et 40 coudées [21 m] de large ; il était manœuvré par 150 des meilleurs marins d'Égypte qui connaissaient le ciel et la terre, ...alors que nous étions en mer, une tempête se produisit et les vagues atteignirent 8 coudées [4,2 m] de haut...*

La mer Rouge donnait accès à l'Afrique et à l'Asie. Les Égyptiens étaient allés jusqu'aux rives de l'Afrique de l'Ouest (comme le pays de Pount), la mer d'Oman, l'océan Indien et l'Inde. Les principales importations venant d'Arabie et d'Inde étaient les épices et divers produits orientaux. Un certain nombre de pierres précieuses, de lapis-lazuli et d'autres objets apportés de ces pays sont découverts fréquemment dans les tombes de Louxor (Thèbes).

Puisqu'ils possédaient le savoir et les navires pour voyager sur de telles distances, pourquoi certains écartent-ils la possibilité qu'ils aient pu aller plus loin ?

16.5 L'ESSOR ET LA CHUTE DU COMMERCE INTERNATIONAL

L'Égypte était le moteur économique de l'Ancien Monde, en plus de son immense influence sur tous les aspects de la vie à travers le monde, comme décrit dans ce livre ainsi que dans d'autres ouvrages de Moustafa Gadalla.

Ils développèrent des activités commerciales dans le monde entier. Les anciens Égyptiens créèrent des routes commerciales et des comptoirs dans le monde entier.

Les découvertes archéologiques nous prouvent que de nombreuses villes/communautés prospères autour du monde ont disparu. Les preuves indiquent que leur disparition fut provoquée par une chute de l'économie. On constate une corrélation directe entre le développement et la disparition d'événements en Égypte, et l'essor puis la chute de tels centres économiques « disparus » dans le monde entier. Ces comptoirs commerciaux et ces anciennes régions prospères, que certains appellent des "civilisations perdues", s'effondrèrent quand l'ancienne Égypte fut la proie des envahisseurs étrangers.

Des auteurs classiques tels que Plutarque, Hérodote et Diodore confirmèrent que l'Égypte antique possédait des colonies paisibles à travers le monde. Diodore de Sicile, dans le *Livre I*, [29,5] dit ce qui suit :

Ils se vantent d'avoir dispersé leur race dans un grand nombre de contrées de la terre, ce qui attesterait la suprématie de leurs rois et une abondance de population.

1. Diodore, *Livre I*, [28, 1-4], parle d'une colonie égyptienne à l'emplacement de l'actuel Moab :

> ***...Les Colchidiens du Pont et les Juifs, placés entre l'Arabie et la Syrie, descendent aussi de colons égyptiens. C'est ce qui explique l'usage qui existe depuis longtemps chez ces peuples de circoncire les enfants ; cet usage est importé d'Égypte.***

Des preuves archéologiques découvertes dans la région sus-mentionnée indiquent qu'il s'agissait d'un comptoir commercial important qui fut créé et protégé par les anciens Égyptiens. La fameuse "route d'Horus" reliait l'Égypte à Moab et au-delà. L'influence égyptienne là-bas s'étendit à tous les aspects de la vie. Quand ce comptoir prospère (ainsi que l'Égypte) fut attaqué par les Assyriens, les Persans puis par les Arabes nomades, il cessa d'exister et devint un lieu "fantôme".

Le peuple de cette ancienne colonie égyptienne (Moabi) parlait et écrivait en égyptien. Des écrits de la région du Moab ressemblent exactement au style d'écriture démotique de l'Égypte antique.

C'est dans la région du Moab que sont nés les dialectes arabe, hébreux et araméen/syriaque qui étaient des émanations de la langue de l'ancienne Égypte. Ibn Hazm (mort en 1064), le savant arabe du Moyen-Âge de Cordoue en Espagne, reconnaît que ces dialectes étaient apparentés et qu'ils dérivaient du *Mudar*, le dialecte utilisé pour dévoiler le Coran. Le terme *Mudar* est une abréviation du terme égyptien *Medu-Neter* voulant dire les mots/langue d'anges/dieux.

Ce n'est pas par hasard que les musulmans disent que l'arabe est la "langue des anges". [Pour plus d'informations, lire le livre en anglais intitulé *The Ancient Egyptian Universal Writing Modes* de Moustafa Gadalla]

2. Les Émirats arabes unis et le Yémen actuels détenaient un emplacement stratégique à l'entrée de la mer Rouge et de l'océan Indien. Les preuves archéologiques montrent des temples abandonnés et un document ancien, qui sont identiques à leurs homologues d'Égypte. C'est de cette région que les anciens Égyptiens importaient de grandes quantités d'encens et de myrrhe qui étaient utilisées pour tous les offices religieux. Quand les temples furent fermés par les envahisseurs étrangers, le Yémen et les communautés avoisinantes perdirent leur principale source d'exportation et c'est ainsi que les communautés prospères devinrent des "villes fantômes". [Pour plus d'informations, lire le livre en anglais intitulé *The Ancient Egyptian Universal Writing Modes* de Moustafa Gadalla]

3. La péninsule Ibérique était la principale source de minerais divers pour l'ancienne Égypte. La côte portugaise était dotée de ports prospères qui assuraient un trafic important le long de la "route de l'étain" ; celle-ci comprenait les mines d'étain de Galice, d'Irlande et de Bretagne qui fournissaient en minerai le pays le plus riche et le plus peuplé de l'ancien monde : l'Égypte. Toutes ces communautés dynamiques disparurent et devinrent des "villes fantômes" quand l'Égypte fut victime de l'invasion étrangère.

Nous allons voir maintenant comment le développement et la disparition des événements de l'Égypte antique eurent des répercussions directes sur la péninsule Ibérique.

Les découvertes archéologiques indiquent, que dans le sud de l'Espagne et dans le centre du Portugal, le prélude à l'avènement de la métallurgie semble être apparu très soudainement, avant le IVe millénaire d'avant notre ère. Les indices prouvent que certain sites, soi-disant du début de l'âge du bronze, de la péninsule Ibérique sont en fait des colonies établies par des gens venant de l'est du bassin méditerranéen. Il est connu que des implantations de l'âge du cuivre telles que : *Los Millares, Vila Nova de Sao Pedro* et *Zambujal,* apparurent environ 2 700 ans avant notre ère, soit 2 000 ans avant l'arrivée des commerçants phéniciens. Ces implantations furent décrites comme étant isolées et farouchement défendues, ayant des caractéristiques culturelles étrangères, c'est-à-dire dont le but était seulement l'extraction minière, semblables aux sites miniers de l'Égypte antique.

Les variations de l'intensité des activités minières et de la taille des implantations sont en corrélation exacte avec les événements et l'utilisation des minerais dans l'ancienne Égypte. On peut établir la même comparaison entre la production métallurgique du pays (comme décrit précédemment) et les preuves archéologiques découvertes dans la péninsule Ibérique et détaillées ci-après, pendant les mêmes époques.

• Le cuivre était employé durant l'époque prédynastique (il y a 6 000 ans) et les premiers campements préhistoriques en Ibérie étaient situés dans les régions où le cuivre et l'argent étaient disponibles ou accessibles : les provinces d'Almérie, de Grenade et Murcie dans le sud-est et les zones de Huelva, Algarve, Bas Alentejo et Estrémadure dans le sud-ouest.

• Les forts défensifs, ainsi que les activités minières et l'abondance d'objets en métal d'Almérie et de la partie basse du Tage, s'effondrèrent aux environs de 2200 avant notre ère, ce qui correspondait avec la chute de l'Ancien Royaume en Égypte. C'est ainsi que la culture millénaire d'Ibérie connut un sort semblable.

• La faible présence de bronze à base d'étain et la variation de leur composition durant la période d'*El Argar* en Ibérie a été attribuée à l'existence de petits gisements dans une zone appelée *La Union*, près de Carthagène dans le sud de Murcie. De même, la production de bronze-étain était réduite durant la période prédynastique et le début de l'époque dynastique de l'ancienne Égypte.

- L'extraction de cuivre et d'étain dans la partie nord-ouest d'Ibérie se renforça à la fin du IIe millénaire avant notre ère. À en juger par le nombre de nécropoles connues au début de l'âge du bronze dans la zone sud-est, on peut en conclure qu'il y eut un accroissement considérable de la population durant la seconde moitié du IIe millénaire avant notre ère, ce qui correspond à la période économique très intense en Égypte pendant le Moyen Royaume (2040-1783 avant notre ère).

- À la fin de la culture d'*El Agar* en Ibérie et après le début de la période tardive de l'âge du bronze, survint une rupture marquée au niveau du type de métaux et de leur abondance. À Almérie et à Grenade, il y eut un effondrement du nombre d'objets métalliques. Cela coïncida avec les troubles durant et après le règne d'Akhenaton [1367-1361 avant notre ère].

Un groupe important de personnes, qui vivent toujours sur les sites archéologiques d'Ibérie susmentionnés, se déclarent descendants du pays des pharaons auxquels ils ressemblent dans leur apparence et leur façon d'être. Ce sont ces gens qui relient l'Égypte à l'Hispanie sur les plans archéologique, historique, ethnologique, linguistique, etc. [Pour plus d'informations, voir le livre en anglais intitulé *Egyptian Romany: The Essence of Hispania* de Moustafa Gadalla]

1

BIBLIOGRAPHIE SÉLECTIVE

Badawy, Alexander, *Ancient Egyptian Architectural Design*, Los Angeles, CA, États-Unis, 1965.

Baines, John and Jaromir Málek, *Atlas of Ancient Egypt*, New York, 1994.

Blackman, Aylward M., *Gods, Priests and Men: Studies in the Religion of Pharaonic Egypt*, Londres et New York, 1998.

Blackman, Winifred S., *The Fellahin of Upper Egypt*, Londres, 1968.

Bleeker, C. J., *Egyptian Festivals: Enactments of Religious Renewal*, Leyde, 1967.

Brecher, K. and Feirtag, M., *Astronomy of the Ancients*. Mass., 1979 éd.

Budge, Sir E. A. Wallis,
– *Egyptian Language, Easy Lessons in Egyptian Hieroglyphics*, New York, 1983.
– *The Gods of the Egyptians*, 2 volumes, New York, Dover, 1969.
– *Osiris & The Egyptian Resurrection*, 2 volumes, New York, 1973.

Chace, Arnold Buffum, *The Rhind Mathematical Papyrus*, Ohio, États-Unis, 1929.

Choisy, Auguste, *Histoire de l'Architecture, I*, Paris, France, 1899.

Daniels, Peter T & Bright, William, *The World's Writing Systems*, Oxford, 1996.

De Cenival, Jean-Louis, *Living Architecture*, traduit par K. M. Leake, New York, 1964.

Diodore de Sicile, *Books I, II, & IV*, traduit par C. H. Oldfather, Londres, 1964.

Egyptian Book of the Dead (*The Book of Going Forth by Day*), The Papyrus of Ani, États-Unis, 1991.

Engel, Carl, *The Music of The Most Ancient Nations*, Londres, 1929.

Erman, Adolf, *Life in Ancient Egypt*, New York, 1971.

Erman, Adolf, *The Literature of the Ancient Egyptians*, traduit par A. M. Blackman, Londres, 1927.

Firth, C. M., Quibell, J. E. et Lauer, J.-P., *The Step Pyramid*, 2 volumes, Le Caire, 1935-36.

Gadalla, Moustafa,
– *The Ancient Egyptian Roots of Christianity*, États-Unis, 2007.
– *Egyptian Cosmology: The Animated Universe – 2e édition*, États-Unis, 2001.

– *Egypt: A Practical Guide*, États-Unis, 1998.
– *Egyptian Divinities: The All Who Are THE ONE.* États-Unis, 2001.
– *Egyptian Harmony: The Visual Music*, États-Unis, 2000.
– *Egyptian Mystics: Seekers of the Way*, États-Unis, 2003.
– *Egyptian Rhythm: The Heavenly Melodies*, États-Unis, 2002.
– *Egyptian Romany: The Essence of Hispania*, États-Unis, 2004.

– *Exiled Egyptians: The Heart of Africa*, États-Unis, 1999.
– *Historical Deception: The Untold Story of Ancient Egypt*, États-Unis, 1999.

– *Pyramid Handbook – 2e édition*, États-Unis, 2000.
– *Tut-Ankh-Amen: The Living Image of the Lord*, États-Unis, 1997.

Gardiner, Sir Alan, *Egyptian Grammar: Being an Introduction to the Study of Hieroglyphs, 3e éd.*, Oxford, 1994.

Herodotus. *The Histories*, tr. A. de Sélincourt, New York et Harmondsworth, 1954.

Hickmann, Hans:
– *Musikgeschichte in Bildern: Ägypten*, Leipzig, Allemagne, 1961.
– *45 Siècles de Musique Dans L'Égypte ancienne*, Paris, France, 1956.

Iversen, Erik, *The Myth of Egypt & Its Hieroglyphs*, Copenhague, 1961.

James, T. G. H., *An Introduction to Ancient Egypt*, Londres, 1979.

Kastor, Joseph, *Wings of the Falcon, Life and Thought of Ancient Egypt*, États-Unis, 1968.

Kepler, Johannes, *The Harmony of the World*, traduit par E. J. Aiton, États-Unis, 1997.

Lambelet, Edouard, *Gods and Goddesses in Ancient Egypt*, Le Caire, 1986.

Lane, E. W., *The Manners and Customs of the Modern Egyptians*, Londres, 1836.

McPherson, J. W., *The Moulids of Egypt (Egyptian Saints-Days)*, Le Caire, 1941.

Parkinson, R. B., *Voices From Ancient Egypt, An Anthology of Middle Kingdom Writings*, Londres, 1991.

Peet, T. Eric, *The Rhind Mathematical Papyrus*, Londres, 1923.

Pennick, Nigel, *Sacred Geometry*, New York, 1982.

Petrie, W. M. F., *The Formation of the Alphabet*, Londres, 1912.

Piankoff, Alexandre.
– *The Litany of Re*, New York, 1964.
– *The Pyramid of Unas Texts*, Princeton, NJ, États-Unis, 1968.
– *Mythological Papyri*, New York, 1957.
– *The Shrines of Tut-Ankh-Amon Texts*, New York, 1955.

Platon, *The Collected Dialogues of Plato including the Letters*, édité par E. Hamilton & H. Cairns, New York, 1961.

Plotin, *The Enneads*, 6 Volumes, traduit par A. H. Armstrong, Londres, 1978.

Plutarque, *Plutarch's Moralia, Volume V*, traduit par Frank Cole Babbitt, Londres, 1927.

Polin, Claire C. J., *Music of the Ancient Near East*, NY, 1954.

Reeves, Carole, *Egyptian Medicine*, Grande-Bretagne, 1992.

Romant, Bernard, *Life in Egypt in Ancient Times*, traduit par J. Smith, Italie, 1986.

Sachs, Curt,
– *The History of Musical Instruments*, New York, 1940.
– *The Rise of Music in the Ancient World*, New York, 1943.
– *The Wellsprings of Music*, The Hague, Hollande, 1962.

Strabon, *The Geography of Strabo*, traduit par Jones, Horace Leonard, Londres, 1917.

Taylor, Isaac, *The History of the Alphabet*, 2 volumes, New York, 1899.

Touma, H. H., *The Music of the Arabs*, Portland, Oregon, États-Unis, 1996.

Wilkinson, J. Gardner, *The Ancient Egyptians: Their Life and Customs*, Londres, 1988.

Plusieurs sources sur Internet

Nombreuses références en arabe.

2

SOURCES ET NOTES

L'auteur est extrêmement compétent dans plusieurs langues, comme les langues égyptienne et arabe. Il est également très compétent en ce qui concerne l'islam, étant lui-même musulman en Égypte et ayant étudié l'islam toute sa vie durant.

Les références aux sources dans la section précédente (Bibliographie sélective) sont indiquées uniquement pour les faits, événements et dates, et non pas pour les interprétations faites de ces informations.

Il convient de noter en cas de référence à l'un des livres de Moustafa Gadalla que tous les ouvrages de cet auteur contiennent des annexes indiquant sa propre bibliographie détaillée ainsi que des sources et notes détaillées.

Partie I. Les peuples d'Égypte

Chapitre 1 : Le commencement

1.1 La vallée mouvante
Wilkinson, Hérodote, Gadalla (*Historical Deception*), Baines.

1.2 Le point de départ

Hérodote, Gadalla (*Historical Deception*, Cosmologie égyptienne), Platon.

1.3 L'ère du Lion et le sphinx
Hérodote, Gadalla (*Historical Deception*, Pyramid Handbook, Cosmologie égyptienne).

1.4 Le calendrier égyptien
Strabon, Gadalla (Cosmologie égyptienne, Mystiques égyptiens), Platon.

Chapitre 2 : Le peuple égyptien

2.1 *Les Égyptiens, peuple immuable*
Hérodote, Gadalla (Cosmologie égyptienne, Mystiques égyptiens), Lane, Ibn Khaldun, Platon, Gadalla (Égyptien de souche), W. Blackman, et de nombreux ouvrages en "arabe".

2.2 *Les "religions raciales"*
Budge (Gods I & II), Gadalla (Exiled Egyptians, Egyptian Rhythm, Cosmologie égyptienne, Mystiques égyptiens), de nombreux ouvrages en "arabe", Gadalla (Égyptien de souche).

2.3 *L'état d'esprit des mortels*
Wilkinson, Diodore, Erman (Life in Ancient Egypt), James, Budge (Osiris), Gadalla (Égyptien de souche), W. Blackman, Lane.

2.4 *Les Égyptiens : un peuple important*
Diodore, Hérodote, Gadalla (Exiled Egyptians, Egyptian Rhythm).

Chapitre 3 : Les plus religieux

3.1 *Cosmologie égyptienne et allégories*
Gadalla (Mystiques égyptiens), Budge (Gods), A. M. Blackman, Kastor, Plutarque, Diodore.

3.2 *Monothéisme et polythéisme*

Budge (The Gods of the Egyptians), Wilkinson, Gadalla (Cosmologie égyptienne, Egyptian Divinities, *Historical Deception*), Lambelet.

3.3 *Symbolisme animal*
Gadalla (Cosmologie égyptienne, Egyptian Divinities, *Historical Deception*).

3.4 *La création de l'univers*
Gadalla (Cosmologie égyptienne, Mystiques égyptiens, Egyptian Divinities, *Historical Deception*), Budge (Gods I et II).

Chapitre 4 : L'ordre social et politique

4.1 *Une société matrilinéaire et matriarcale*
Gadalla (Cosmologie égyptienne), Hérodote, Diodore.

4.2 *Les communautés matrilocales*
Gadalla (Cosmologie égyptienne, Exiled Egyptians), Erman (Life in Ancient Egypt), de nombreux ouvrages en "arabe".

4.3 *Les fondements du système républicain*
Wilkinson, Platon, Gadalla (Exiled Egyptians).

4.4 *Le système double d'administration/contrôle*
Erman (Life in Ancient Egypt)

4.5 *L'ordre administratif*
Erman (Life in Ancient Egypt), Wilkinson.

Partie II. Les corrélations cosmiques

Chapitre 5 : Là-haut comme ici-bas

5.1 *La conscience cosmique*
Gadalla (*Historical Deception*, Cosmologie égyptienne, Mystiques égyptiens, Egyptian Rhythm), Wilkinson, Erman (Life in Ancient Egypt), Romant.

Daniels, Erman (Literature), Platon, Petrie, Taylor, Gadalla (*Egyptian Harmony*, *Historical Deception*, Egyptian Romany).

8.3 *Les modes d'écriture illustré et alphabétique*
Budge (Egyptian Language), Gardiner, Gadalla (*Historical Deception*, Egyptian Romany).

8.4 *Les symboles/écriture illustrés et métaphysiques*
Budge (Egyptian Language), Diodore, Gardiner, Iverson, Petrie, Platon, Plotin, Plutarque, Gadalla (Cosmologie égyptienne, *Egyptian Harmony*, *Historical Deception*).

8.5 *Le langage érudit*
Erman (les deux livres), Gardiner, James, Parkinson, Gadalla (*Historical Deception*, Egyptian Romany).

Chapitre 9 : Le patrimoine musical égyptien

9.1 *Le patrimoine musical*
Gadalla (Egyptian Rhythm), Wilkinson, Engel, Hickmann (les deux livres), Polin, Sachs (tous les livres), Touma.

9.2 *Les orchestres musicaux*
Gadalla (Egyptian Rhythm), Wilkinson, Engel, Hickmann (les deux livres), Polin, Sachs (tous les livres), Touma.

9.3 *Danses et ballets*
Gadalla (Egyptian Rhythm), Wilkinson, Platon, Erman (Life in Ancient Egypt).

Chapitre 10 : Médecine et santé

10.1 *Réputations internationales*
Gadalla (*Historical Deception*, Cosmologie égyptienne).

10.2 *La profession médicale*
Gadalla (*Historical Deception*), H.M.N., Reeves, Wilkinson, Erman (Life in Ancient Egypt).

*10.3 **La bibliothèque médicale***
Gadalla (*Historical Deception*), H. M. N., Reeves, Wilkinson,
Erman (Life in Ancient Egypt).

*10.4 **Cures et prescriptions***
Gadalla (*Historical Deception*), H. M. N., Reeves, Wilkinson,
Erman (Life in Ancient Egypt).

Chapitre 11 : Astronomie

Gadalla (*Historical Deception*, Egyptian Rhythm, *Egyptian Harmony*, Cosmologie égyptienne), Erman (Life in Ancient Egypt), Kepler, Diodore, Strabon, Brecher, Gadalla étant un ingénieur civil.

Chapitre 12 : Géométrie et mathématiques

*12.1 **Géométrie sacrée et sciences naturelles***
Gadalla (*Egyptian Harmony, Historical Deception*, Pyramid Handbook), Wilkinson, Pennick, Badawy, Petrie.

*12.2 **Géodésie***
Gadalla (*Historical Deception, Egyptian Harmony*), Wilkinson, Hérodote, Gadalla étant ingénieur civil.

*12.3 **Mathématiques et numérologie***
Gadalla (*Egyptian Harmony, Historical Deception*), Wilkinson, Badawy, Chace, Peet.

*12.4 **Les "rapports" sacrés***
Gadalla (*Egyptian Harmony*).

Partie IV. L'économie prospère

Chapitre 13 : Le savoir agricole

*13.1 **Les techniques de culture dans un climat sec***
Hérodote, Diodore, Wilkinson, Strabon.

13.2 *La répartition du travail*
Gadalla (Cosmologie égyptienne, Exiled Egyptians), Hérodote, Diodore, Wilkinson.

13.3 *Une destinée innée (une histoire de génétique)*
Gadalla (Cosmologie égyptienne, Exiled Egyptians), Diodore, Wilkinson.

13.4 *La communauté agricole*
Gadalla (Cosmologie égyptienne, Exiled Egyptians), Diodore, Hérodote, Wilkinson.

Chapitre 14 : Les industries de fabrication

14.1 *Le savoir égyptien de la métallurgie et de la sidérurgie*
James, Erman (Life in Ancient Egypt), Wilkinson, Gadalla (*Historical Deception*, Egyptian Romany).

14.2 *Les produits à base d'or et d'argent (électrum)*

James, Erman (Life in Ancient Egypt), Wilkinson, Gadalla (*Historical Deception*, Egyptian Romany).

14.3 *Les produits à base de cuivre et de bronze*
James, Erman (Life in Ancient Egypt), Wilkinson, Gadalla (*Historical Deception*, Egyptian Romany, Egyptian Rhythm), Strabon.

14.4 *Les produits en verre (verre et émaillage)*
James, Wilkinson, Gadalla (*Historical Deception*, Egyptian Romany), Erman (Life in Ancient Egypt), Firth.

14.5 *Les produits en fer*
Wilkinson, Gadalla (*Historical Deception*).

14.6 *L'activité minière égyptienne*
Erman (Life in Ancient Egypt), James, Gadalla (Egyptian Romany), Strabon.

14.7 Applications technologiques diverses
Wilkinson, Erman (Life in Ancient Egypt), Gadalla (*Historical Deception*).

Chapitre 15 : Les infrastructures de transport

15.1 Généralités
Wilkinson, Erman (Life in Ancient Egypt), Gadalla (*Historical Deception, Exiled Egyptians, Egyptian Romany*).

15.2 Les navires égyptiens

Erman (Life in Ancient Egypt), Wilkinson, Gadalla (*Historical Deception, Egyptian Romany*), Diodore, Hérodote.

15.3 Les principaux ports côtiers d'Égypte
Erman (Life in Ancient Egypt), Wilkinson, Gadalla (Egyptian Romany), Hérodote, Strabon, Baines.

15.4 Transport terrestre
Wilkinson, Erman (Life in Ancient Egypt), Gadalla (*Historical Deception, Exiled Egyptians*), Baines.

15.5 Protecteurs et lieux de culte du voyage
Erman (Life in Ancient Egypt), Wilkinson, Gadalla (Egyptian Divinities, Egyptian Romany)

Chapitre 16 : L'économie de marché

16.1 L'économie de marché
Erman (Life in Ancient Egypt), Wilkinson, Gadalla (*Historical Deception, Egyptian Romany*).

16.2 Transactions commerciales
Erman (Life in Ancient Egypt), Wilkinson, Romant, Gardiner.

16.3 Les exportations égyptiennes (biens et services)
Wilkinson, Erman (Life in Ancient Egypt), Romant, James,

Gadalla (*Historical Deception*, Exiled Egyptians, Egyptian Romany).

16.4 *Les importations égyptiennes*
Erman (Life in Ancient Egypt), Wilkinson, James, Gadalla (*Historical Deception*, Egyptian Romany, Exiled Egyptians).

16.5 *L'essor et la chute du commerce international*
Gadalla (Egyptian Romany, Exiled Egyptians), Diodore, Hérodote, pratiquement toutes les références conduisent à la même conclusion, mais jamais reconnues, en raison de la fausse fierté européenne.

www.ingramcontent.com/pod-product-compliance
Lightning Source LLC
Chambersburg PA
CBHW050333160726

48002CB00001B/304